골로새서에 명시된 스키타이 개념의 확장

조다윗 선교사 지음

David Cho

The Expansion of the Concepts of Scyth as Mentioned in Colossians

골로새서에 명시된 스키타이 개념의 확장

2025년 6월 11일 초판 1쇄 발행

지은이 조다윗

도서출판 비전출판사
주소 서울특별시 서대문구 가재울로2안길 33 (03693)
전화 02-6414-7864
이메일 visionpd2@hanmail.net
홈페이지 www.wmuv.net
등록번호 제 312-2013-000011호

ISBN 979-11-87120-20-9 (03230)

The Expansion *of* the Concepts *of* Scyth *as* Mentioned *in* Colossians

by David Cho

골로새서에 명시된
스키타이 개념의 확장

조다윗 선교사 지음

David Cho

The Expansion of the Concepts of Scyth as Mentioned in Colossians

비전선교단
VISION

차례

Contents

"스키타이 세계"의 확산

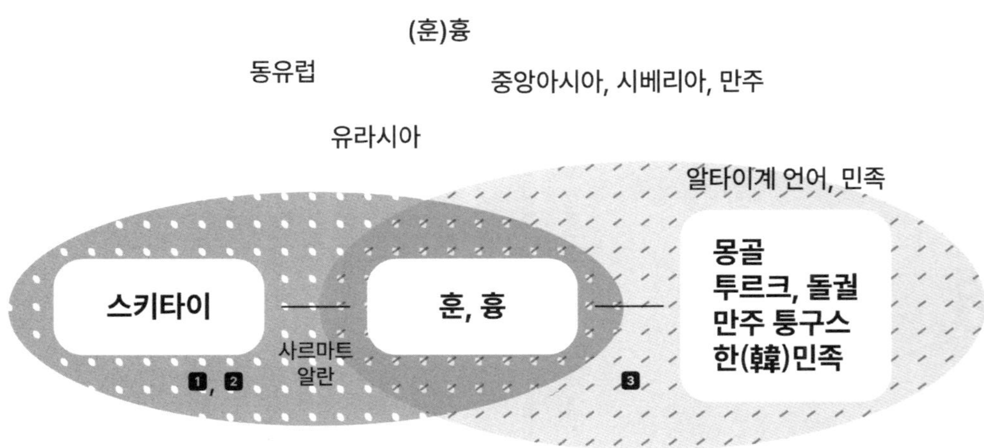

1 스키타이-사르마트-훈 세계
2 스키타이-흉 세계
3 흉, 알타이계 민족

* 스키타이 세계 확산 모식도

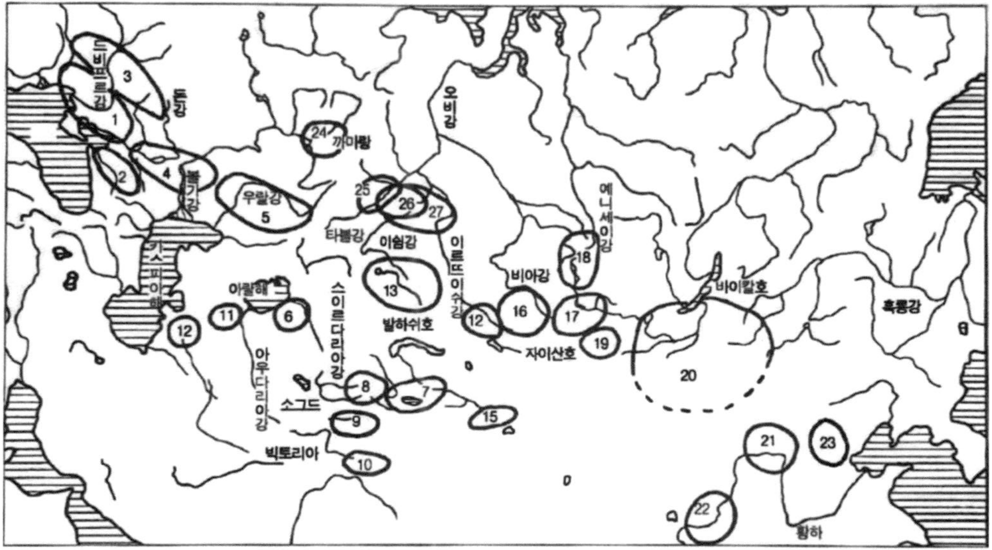

지도. 선흉노 스키타이 세계와 그 문화 요소를 지니는 고고문화들

1.스키타이문화스텝그룹 2.스키타이 문화 북카프카스 그룹 3. 스키타이 문화 삼림초원지대 그룹 4. 사브라마트 문화 불가-돈지역군 5. 사바르마르 문화 사마라-우랄 지역군 6. 아랄해 유역의 사카 7. 세미레치예와 천산의 사카 8. 케트멘 튜베의 사카 9. 페르간의 사카 10. 파미르의 사카 11. 아우다리아강 하류(호레즘)의 사카 12.투르크메니아 북서부의 사카 13. 중앙카자흐의 타스물라 문화 14. 동부카자흐스탄의 사카 15. 신강의 사카 16. 알타이의 파지릭 문화 17. 투바의 우육문화 18. 미누신스크 분지의 타기르 문화 19. 서몽고의 울람곰 문화(찬드만-우울문화) 20. 판석묘 문화 21. 오르도스 모경구 문화 22. 영하-감숙성 동단의 초기 철기문화 23. 하북성 북부의 청동-초기 철기문화 24. 아나니노 문화 25. 바이또보 문화 26. 가라흐보 문화 27. 사르사르 문화

일러두기

이 글은 랄프윈터 박사가 창간한
국제전방개척선교저널(IJFM)의 자매지인
『전방개척선교(KJFM)』 25년 7, 8월호에 게재되었습니다.

머리말

단체를 개척하고 중앙아시아, 중동 지역을 주효 대상 지역으로 섬기는 가운데 최근 골로새서를 읽으며 "스구디아인" 스키타이가 성경에 언급되었다는 점을 다시 발견하였다. 늘 읽던 익숙한 말씀이, 성령의 조명하심 가운데 영감이 어우러져 영혼을 울리는 듯 새롭게 조망될 때가 있다.

랄프 윈터 창간 저널 자매지 기고를 요청받으면서, 체계적 연구를 위한 묵상이 시작된 이 날을 정확하게 기억하는 것은, 언더우드, 아펜젤러 선교사님이 이 땅에 복음을 증거하고자 한반도에 함께 손을 잡고 상륙한 부활주일 140년 기념주일 아침이었기 때문이다.

근래 학계에서 더욱 스키타이 세계와 훈, 흉과의 상호 연관 관계를 적극적으로 주창하는 스키타이, 중앙아시아·유라시아 학계 학자들의 목소리가 노소장파 가릴 것 없이 커져간다고 평소 연구가운데 짐작하고 있는 즈음이기도 했다.

유목기마민족, 스키타이 인종이나 그들이 형성한 집단,

나라는 거의 없어졌으나 "스키타이 세계"는 중앙아시아 전역을 유목기마민족으로 활보했던 훈, 흉이 계승하였다. 흉의 후예는 알타이계 민족과 나라들이다.

그 알타이계 민족 가운데 서구 벽안의 선교사들이 조선이라는 나라에 찾아와 복음을 증거하며 만주 퉁구스, 투르크 돌궐, 몽골 등과의 언어적 상호 유사성 등을 통해 조선의 근간을 찾으려했다. 당시 중국의 속국으로, 혹은 일본의 지방정부로, 잘못된 풍문만 간헐적 편린 정보로 윤색되어 세계에 알려지고 있던 한 많은 한민족의 정체성 형성을 제대로 이해하고 규명하기 위한 시도였다. 그 누구도 조선을 알아보려거나 알아주는 이 없던 세계에서, 거의 유일하다시피 조선을 연구하고 알리려 했던 이 선교사 분들에게 우리는 복음의 빚이 있다.

이제 하나님의 은혜로 중앙아시아 알타이계통 민족과 나라들에게 나아가서 한인 선교사들이 그들을 이해하며 하나님나라로 세우기 위한 복음을 증거했다.

이 작은 연구는 이 땅에 부활의 아침이 있게 한 선교사 분들과 주님께 받은 복음의 빚진 마음의 분투다.

부디 이 책이 새롭게 선교유업을 계승할 청년선교사들에게, 다각적·학제적 연구를 통해 성경적 관점으로 중앙아시아 각국 현장을 품고 연구, 해석하기 위한 작은 모티브나 질료가 되었으면 좋겠다.

2025년 5월21일
포항에서 서울로 올라가는 기차 안에서
조다윗 선교사

감사의 말

책이 나오기까지 많은 영감에 자양분이 되어 준 믿음의 선진들과 더불어, 교정과 편집 작업을 도와준 유경은 간사, 임아란 간사 고상한 북디자인을 해 준 권혁기 간사, 권은협 간사, 김예은 간사, 김혜린 간사 영문 번역을 맡아준 박시원 간사, 손은혜 간사, 비전 선교공동체와 함께하는 350여명의 선교 사역자들 모두 감사하다.

말씀과 함께 살기 위해 공동체의 삶을 마다않고 더불어 함께 하는 아내와 은빛, 시후, 안녕이를 비롯한 가족들은 내 보석들이다. 우리가 아니더라도 누군가를 통해 주님이 어두운 시대를 밝힐 말씀의 횃불을 드실 것이나 말씀이 우리와 함께 하심에, 그래서 감사하다.

골로새서에 명시된 스구디아인, 스키타이 개념의 역사적 확장

조다윗 선교사[1]

논문 목차

---

1 선교타임즈 세계문서선교협의회 이사장, 비전선교단 대표.

Ⅰ. 개요

골로새서 3장 11절 "거기에는 헬라인이나 유대인이나, 할례파나 무할례파나, 야만인(kjv, 바바리인)이나 스구디아인이나 종이나 자유인이 차별이 있을 수 없나니 오직 그리스도는 만유시요 만유 안에 계시니라"

흠정역(kjv) "거기에는 그리스인이나 유대인이나 할례자나 무할례자나 바바리인(Barbarian)이나 스구디아인(Scythian)이나 매인 자나 자유로운 자가 없나니 오직 그리스도만이 모든 것이요 모든 것 안에 계시느니라."

위 구절은 세계에 대한 상호 인식을 헬라인·서양 토양과 유대인·히브리 토양 및 할례 받은 사람 즉 유대인과 무할례자, 이방인 다른 민족으로 나눔으로써 하나님의 세계 구원에 대한 바울의 민족 세계 구분 인식과 더하여 결국 세계를 어떤 단위와 구분으로 아우르시며 구원하실지에 대한 단초가 담겨있다.

이는 곧 로마서 등 바울이 적은 다른 서신에 세계에 대한 구분 인식과 일맥상통하는 같은 궤를 지닌다. 당시 골로새서가 지어질 1세기 당시 로마가 문명의 주도권을 가지고 있었고 로마에 상호인식으로써 비하되어 인지되던 민족들, 바바리인과 스구디아인이 명시·표기되어, 만유 안에 주께서 만유를 차별 없이 하나로 모아 구원하실 것에 대한 바울의 선교 인식은 기존 로마서에 나타난 세계 구분 인식 위에서, 좀 더 중층된 세계 구분 범주 인식이 더 추가되었다 하겠다.

특별히 스구디아인, 곧 스키타이인은 기원전 8세기경부터 존재해 바울 당대 로마에게 비하되었던 유목기마민족의 원류로 알려진 민족[2]으로 이들에 대한 인식과 개념이 바울

---

2 스구디아인 (Scythians [영] ; 아카드. Asguzai; [히] '아쉬케나즈')] [헬] '스퀴다이') 인도·이란 계 통의 유목 민족. 그들은 B.C. 8세기에 다른 민족들 –여기에는 창 10:3과 대상 1:6('아스그나스')에서 서로 연관되어 있는 킴메리아인('고멜')들도 포함되어 있었음–과 더불어 남부 러시아로부터 말을 타고 근동으로 이동하기 시작하였다. 그들은 B.C. 7세기에는 애굽처럼 먼 곳에까지도 이르렀다. 한때 학자들은 예레미야와 스바냐가 북방으로부터 예루살렘으로 공격해 올 것이라고 예언한 적(렘 1:13–15, 4:5–31, 5:15–17, 6:1–5, 습1:10)이 바로 스구디아 침략자들이었다고 생각하였다. 스구디아인들은 에 살핫돈 시대(B.C. 681–670)에 앗수르 제국의 동맹군이었다. 그러나 그들은 만나이(Mannai)와 더불어 반란을 일으켰다. 그 후 얼마가 지난 후에 애굽왕 프삼메티쿠스(Psammetichus)1세에 의해 저지를 당하자 그들은 팔레스타인 해안에 있는 아스글론과 아스돗을 침공하였다. 하지만 후에 그들은 메대와 바사에게 패해 북쪽으로 쫓겨 갔다. 스구디아 군인들은 B.0.338년에 바사가 바벨론을 물리칠 때 부

을 통해 성경에 기록되었다. 이는 스키타이 문화[3]라 불리울 만큼 유럽 뿐 아니라 중앙아시아·유라시아 범주에 존재했던 유목기마민족들에게 막대한 영향을 끼쳤다는 점에서 헬라·로마 정주 문명과 중앙아시아·유라시아로 대변되는 유목기마민족 문화를 상호인식하면서 확대하고 있다는 점은 중앙유라시아 민족들의 구원에 관해 성서적 약속에 지표가 될 수 있어 상당히 주목될만하며 고무적이라 할 수 있다.

분적인 역할을 하였다 (렘 51:27 '아스그라스') 후기 문헌에서 스구디아인들은 속담에 나올 만큼 야만 민족으로 취급되었다 (마카비 2저 4:47: 골 3:11).
아가페출판사, 『아가페 성경사전』, 2012, p911.
고대 그리스인은 흑해 북쪽 돈강에서 프루트강에 이르는 초원지대를 '스퀴티아'(Skythia)라고 부르고 그 초원에 살았던 페르시아계 민족을 '스퀴트인' 혹은 '스키타이인'이라고 했는데 여기서 '스키타이'라는 민족명이 유래되었다. (투르크학 인문 대사전)
우덕찬, 『중앙아시아사 개설』, 부산외국어대학교출판부, 2001.

3 기원전 1천년기(기원전 9~3세기) 유라시아 초원지역에서 발달된 기마문화와 유목 경제에 기반한 문화가 널리 유행했다. 이들은 모두 거대한 고분, 동물장식, 발달된 마구 등의 공통점을 공유하기 때문에 유라시아 고고학계에서는 이 유라시아 초원벨트에 분포한 공통적인 유목기마문화를 스키타이식 문화 또는 스키토-시베리아 문화권 이라고 부른다(최몽룡 외 2003). 그 주요한 분포지로는 유라시아 초원지대로 서쪽으로는 흑해 연안, 우크라이나에서 시작되어서 시베리아의 초원지대를 포함하고, 동쪽으로는 북중국 만주지역에서는 북경 근교의 延慶縣을 중심으로 분포하는 玉皇廟文化와 내몽고 동남부지역의 하가점상층문화, 井溝子문화 등으로까지 이어져서 동북지역을 대표하는 비파형동검문화권도 거의 근접한다. 스키토-시베리아 문화권은 한동안 '스키타이계 문화', '스키타이유형의 문화' 등으로도 불리었다.
강인욱, 「스키토-시베리아 문화의 기원과 러시아 투바의 아르잔 1호 고분」, 『중앙아시아학회』 중앙아시아연구 제20권 제1호, p.127-128

스구디아인, 스키타이에 비등한 인식으로서 먼저 언급되고 있는 골로새서의 단어는 야만인 바바리인이라는 멸칭 비하로서의 로마 변경의 민족들이다. 원래는 헬라·그리스가 문명의 중심으로 부상하였을 때 인근 주변 민족 나라 등을 헬라 중심 주변부로 인식하면서 그들 민족의 언어 발음이 "바바(ba-ba)"하는 음가처럼 들린다하여 멸시하면서 칭해진 개념이 바바리인이다.[4] 헬라 그리스가 중심 문명으로 부상하며 주도하였을 때는 야만 바바리인이 이집트·페니키아 등을 일컫는 멸칭이었다. 그런데 의미심장하게도 로마가 헬라를 이어 문명의 중심으로 부상한 골로새서가 기록된 1세기 당대에는 바바리인이라는 멸칭이 변주 확장되어 로마 변경에 게르만 고트족, 프랑크족, 앵글로색슨족, 심지어 훈족까지 아우른 멸칭으로 변용·확대 인식되었다.

스키타이에 대한 골로새서가 기록된 당대 1세기에는 오래도록 유럽 변경에 스키타이인으로 인식되던 스구디아인이 서

---

4 헤로도토스는 그리스 이외의 문명을 훗날 '야만적(barbarian)'이라는 영어단어의 어원이 되는 '바르바로스' 또는 그 복수형 '바르바로이'로 규정해 그리스와 다른 이방 문명을 정의했다. 그 가운데 스키타이가 포함되었음은 두 말할 것도 없다.
이광태, 『인류 최초의 역사가들이 본 중앙아시아 초원국가 '스키타이'와 '흉노' : 새로 읽는 중앙아시아사』, 대한민국국회, 2021.

스키타이를 중심으로는 사르마트(Sarmart), 알란(Alan) 페르시아 계통에게 지배당하여 해체, 융합, 재편성기를 거치던 때다.[5] 또한, 이후 동스키타이(사르마트 스키타이)는 훈, 흉노족을 중심으로 알타이계통의 민족들과 어우러져 스키타이 세계, 문화를 중앙·유라시아의 강력한 스텝 초목지역에 유목기마민족의 기동성으로 전파했고, 정치·군사·예술·문화 등으로 스키타이와 사르마트, 흉노 간에도 상호 지배 예속, 융합해가는 과정 속에 소위 "스키타이 세계"의 재구성이 계속 되었다.[6]

중앙아시아 주요 유목기마민족 계통의 분류 중 하나로

---

5 유라시아 초원지대의 서부(오늘날의 우크라이나와 러시아 남부)에서 스키트가 몰락한 뒤에도 스키트 정치 전통은 대체로 이란어를 사용 했던 사르마트Sarmat와 알란Alan(사르마트의 하위 집단으로 여겨진다)에서 이어졌다.
김현진, 『흉노와 훈』, 책과함께, 2024.

6 고대 작품에 사르마트 문화란 이름이 남게 되고, 스키타이 영토는 더 이상 스키타이로 불리지 않고 사르마트라고 불리게 되었다. 흑해 북안에서 사르마트가 문화가 가장 번성했을 때는 기원후 1세기~2세기이고, 이때는 볼가, 다뉴브까지 가장 넓은 영토를 영위했다.
사르마트 동물 장식은 스키토-시베리아 동물 장식과 근동 동물 장식에서 큰 영향을 받은 것으로 알려졌다. 대표적인 유물로 주로프스키 농장의 사르마트 무사 무덤에서 출토된 금제 장식판은 스키타이의 맹수 모티프가 부활되었다고 볼 수 있다. 근동의 동물 장식 특징은 노보체르카스크의 호흐라치 무덤에서 출토된 금제 나무장식에 조각된 동물상에 나타나 있다. 그런데 동물 장식의 특징이 훈의 유물에도 나타나서 사르마트 문화를 훈-사르마트 문화라고도 한다.
김재윤, 사르마트 문화(Sarmatian culture), 『투르크학 인문 대사전』, 2023.

알려진 알타이계 언어는, 크게 흉노의 후예로 알려진 돌궐 투르크어, 몽골어, 퉁구스어, 한국어 군으로 계통이 분화되어 민족과 나라를 형성했다는 학문적 주장이 람스테드(Gustaf John Ramstedt,1950), 포페(Nicholas Poppe, 1950) 등을 통해 체계화되었다.[7] 람스테드는 알타이 언어와 한국어의 유사성을, 포페는 알타이 언어계 가운데 비교언어학적으로 한국어의 별종 요소를 인정하면서도 선(先) 분화 가능성을 제시하였다. 이어 김방한(1990)은 알타이 언어 계통에 만주퉁구스, 투르크, 몽골어와 한국어의 친근성과 유사성을 분석하면서도 한반도어의 고유 특성이 이질적으로 존재하는 이유를 중앙아시아에서 한반도에 이주해온 예맥(濊貊)족, 알타이계통의 민족과 다른 고아시아족 혹은 '길랴크(Gilyak)'어 기층을 토대로 원시한반도어가 형성되었음을 논하기도 했다.[8]

---

7 람스테트(Ramstedt)는 투르크어와 몽골어를 비교 연구하면서 그 전까지 우랄-알타이 어족설로 묶여 있던 우랄 어족과 알타이 어족을 분리하여 '알타이 어족설'을 내세웠다. 후에 만주-퉁구스어와 한국어를 대비 연구하면서 한국어를 알타이 어족에 소속시켰고, 이것을 포페(Poppe)가 더욱 발전시켰다. 그리고 람스테드와 폴리바노프, 밀러와 같은 알타이어 학자들이 알타이 어족에 한국어와 일본어도 추가시키면서 국내에서도 한국어의 알타이 어족설을 가설로 받아들이고 있다.
Poppe, N., "Review : G.J. Ramstedt, Studies in Korean Etymology", Harvard Journal of Asiatic Studies, Vol. 3&4, 1950. pp.568~581.

8 한국어의 계통/김방한/민음사/1990.04.01.
역사비교언어학(대우학술총서)/김방한/민음사/1988.08.20

1980년 <<스키타이학의 논점들>>이라는 주제발표에서 I.V 야첸코(Яценко И. В.)[9]와 D.S. 라옙스키(Раевский Д. С.)[10]는 스키타이 공통 문화를 넘어선 '스키타이 세계'라는 용어를 주창하였고, E. A. 노브고라도바(Новгородова Э. А.)[11]는

9 Яценко И. В., Скифия VII-V веков до нашей эры: Археологические памятники степного Приднепровья и Приазовья (Москва: Государственный исторический музей, 1959), 116 с.『기원전 7–5세기의 스키타이아: 프리드네프로브예와 프리아조비예의 고고학적 유적』
Яценко И. В., Скифские памятники степного Приднепровья и Приазовья (VII-V вв. до н. э.), Автореферат диссертации на соискание учёной степени кандидата исторических наук (Москва: Институт истории материальной культуры АН СССР, 1955), 12 с.『프리드네프로브예와 프리아조비예의 스키타이 유적 (기원전 7–5세기): 역사학 박사 학위 논문 요약』
야첸코는 프리드네프로브예와 프리아조비예 지역의 스키타이 유적의 분포와 특징에 대한 개요를 제공하고 유적을 고고학적으로 분석하여, 스키타이 문화의 특징과 발전 과정을 조명했다. 특히, 스키타이 부족 연합의 형성과 그들의 사회 구조에 대한 통찰을 제공했다.

10 Раевский Д. С., Очерки идеологии скифо-сакских племён (Москва: Наука, 1977), 232 с. 『스키타이–사카 부족의 이데올로기 개요』
라옙스키는 스키타이의 신화적 전통과 그들의 사회적 의식 구조를 분석하여, 스키타이 문화의 정신적 기반을 탐구했다.

11 Новгородова Э. А., Древняя Монголия: Некоторые проблемы хронологии и эт нокультурной истории (Москва: Наука, 1989), 384 с.『고대 몽골리아: 연대기 및 민족문화사에 관한 몇 가지 문제』
Новгородова Э. А., Мир петроглифов Монголии (Москва: Наука, 1984), 168 с.『몽골리아의 암각화 세계』
노브고라도바는 몽골 지역의 고대 유목문화에 대한 종합적인 연구, 고고학적 자료를 바탕으로 몽골의 선사시대부터 철기시대까지의 문화 발전과 민족 형성 과정을 분석. 특히, 동서 몽골 지역의 문화적 차이와 상호작용을 조명했다. 또 몽골 전역에서 선사

서몽고와 중앙아시아 등에 문화에도 스키타이의 문화의 삼요소, 스키타이 고유의 무구(武具), 마구(馬具), 동물장식(動物樣式) 등이 나타남을 볼 때, 스키타이 세계의 범위를 넓힐 것을 추가 제안하였다.[12]

근래 스키타이가 훈, 흉노 투르크를 필두로 한 중앙아시아 알타이계 민족들과 이합집산하여 연동 재구성된 공통 문화임을 밝히는 연구가 한반도 내에서도 최몽룡, 강인욱, 정석배 등을 통해 더욱 활발하다. 김현진(2024) 등은 스키타이-흉노가 중앙아시아 초원의 정치·군사 조직, 문화, 원시 문자, 금속 공예 예술, 정신성이 상호 영향을 끼쳐 연동된, 재구성

시대부터 중세까지의 암각화 예술과 그 상징성을 탐구. 특히, 동물상과 상징적 도상학을 통해 스키타이-시베리아 문화권의 미술 양식과 세계관을 해석했다.

12 현대 스키타이學에서 '스키타이 世界'라는 용어는 西의 흑해북안에서 東의 중국북방까지의 소위 스키타이 시대(기원전 8/7~3세기)의 스키타이적 요소를 지니는 모든 考古文化를 총칭하는 학술용어로 자리를 잡았다. 1980년 〈스키타이學의 論點들〉 이라는 토론의 주제발표문에서 I. V. 야첸코와 D. S. 라옙스키는 처음으로 '스키타이 세계'라는 용어를 제안하면서 그 범위를 西의 흑해북안에서 東의 미누신스크 분지 및 투바까지로 설정하였다.
정석배, 「'先흉노-스키타이 世界' 小考」, 『韓國上古史學報』 第32號, p.46, 2000.
Яценко И. В., Раевский Д. С., Некоторые состояния скифской проблемы, Дискуссионные проблемы отечественной скифологии, Народы Азии и Африки. 1980. No. 5. c. 104.
Новгородова З. А. Древняя Монголия. М., 1989. (З. А. 노브고라도바 저/정석배역. 1995. 蒙古의 先史時代. 學研文化社.)

집단이었음을 고고학적 증거 등으로 밝히고 있다.[13]

스키타이 종족은 대체로 소멸하였으나, 흉노의 후신 집단인 돌궐 투르크를 비롯한 알타이계 집단은 스키타이 문화와 상호 영향을 주고받으며 동유럽, 유라시아, 중앙아시아 초목 지대를 중심으로 거대한 족적을 남기면서 스키타이-사르마트-훈(흉) 세계라는 스텝지역 유목 기마민족의 주요 흐름

13 김현진은 고고문화의 다양한 증거들에 기반하여 스키타이-사르마트-사카-흉으로 상호 영향을 미치는 과정에서 정치, 사회, 문화, 예술 양식이 구분할 수 없을 정도로 융합되었다고 강력하게 주장한다.
스키트 시대에 이은 사르마트-알란 시대, 특히 서기 3세기에 동부 초원식 모티프와 예술 양식은 유라시아 서부 초원의 예술에 큰 영향을 미치기 시작했다. 이를 확인할 수 있는 가장 극명한 사례는 세칭 '사르마트식' 황금 디아뎀diadem(머리 장식) 디자인이다. 황금 디아뎀은 그보다 훨씬 이른 시기부터 동부 초원에서 생산된 것으로 확인되었다. 초기 사카-훈식 디아뎀은 카자흐스탄 동부 발하슈호 인근 카나타스에서 발견되었는데, 그보다 나중에 만들어진 '사르마트식' 디아뎀과 같거나 비슷한 양식이었다. 물론 이 지역은 유럽 훈의 원주지와 아주 가까운 곳인데, 사르마트 지역에서 발견된 디아뎀이나 카자흐스탄에서 나온 더 이전의 표본과 매우 유사한 유물이 헝가리에서도 발굴되었다.
초원을 넘나드는 영향력은 대개 상호적으로 이루어졌고 그 결과 서기 4세기와 5세기가 되면 특히 서쪽에서 훈과 사르마트를 고고학적으로 구분하는 일이 거의 불가능해지는데, 이는 두 집단의 오랜 접촉으로 물질문화가 매우 유사해졌기 때문이다. 사르마트 문화와 훈 문화 요소의 융합은 이미 훈이 유럽에 진입하기 거의 5세기 전인 서기전 마지막 세기에 유럽 훈의 고향인 알타이 지방에서 확인할 수 있다. 훈의 문화와 예술은 요컨대 이미 혼종이었고, 강렬한 이란적(사르마트-알란적) 흥취를 지니고 있었으며, 그 반대도 마찬가지였다.
김현진, 앞의 책.

을 이어왔다고 평가할 수 있다.[14]

따라서 스키타이와 훈과 흉노, 페르시아, 몽골 등의 이합집산으로 생긴 스키타이인, 스키타이 문화와 스키타이 세계는 다만 바울 당대에 해체되어 재구성된 고대 스키타이를 넘어 확장된 스키타이 문화를 공유하는 스키타이, 알란, 사르마트, 페르시아, 훈, 흉노-투르크, 몽골 등에 이합집산된 중앙유라시아의 여러 나라와 종족을 가리키는 넓은 개념으로 재구성, 역사적 확장되어 왔다고 볼 수 있겠다.

---

14 서부 초원에서 이란계 언어를 사용하고 서기전 8~4세기까지 번성한 스키트Scyth/사카Saka가 흉노에게 문화적 영향을 주었다는 주장이 오래 전부터 있었다. 실제로 두 집단의 정치 체제 사이에 유사성/친연성을 보이는 증거가 존재한다. 김현진, 앞의 책.

Ⅱ. 바바리인과 스구디아인 범주 개념의 성서적, 역사적 인식 변용과 확장

골로새서 3:11절 말씀의 번역은 헬라와 유대, 할례파나 무할례파, 야만인이나 스구디아인, 종이나 자유인 등의 대구법 수사 분류로 대응되어 진술되고 있다. 야만인과 스구디아인이라는 진술은 스구디아인이 스키타이인을 가리키는 종족, 집단 명칭이라는 점에서 대응 관계 진술로서 야만인이라는 단어가 흠정역처럼 바바리인으로 번역되는 편이 문장 구조상 자연스럽다 하겠다.

(1) 바바리인 집단의 성서적·역사적 재구성, 인식 변용, 확장성에 대해

골로새서가 집필될 당시 A.D 1세기 경 바바리인 집단에 대한 인식은 로마가 지중해권 일대에 문명 중심 주도권을 가진 바, 로마 제국의 상호 인식 속에서 변경에 비하된 민족, 고트-게르만족, 프랑크족, 앵글로색슨족, 또한 그 변경 너머의 훈족까지 가리키는 비하, 멸칭이었다. 바바리인이라는 멸칭은 로마 당대에 형성된 단어라기보다 헬라 그리스 문명에서 만들어진 개념으로 로마 당대에는 개념 인식이 변용 확대된 개념이었다.

헬라 그리스가 문명 주도권을 가지기 시작한 후 그리스는 주변 민족을 상호 인지 하면서 바바리인이라는 멸칭 개념을 만들어냈다. 주변 민족들 가운데 그들의 생활과 문화 풍속, 언어를 비하하면서 그리스인들이 알아듣기 어려운 주변 민족 나라의 언어를 "바바"하는 음성으로 인지해 멸칭함으로써 바바리인이라는 야만족 멸칭이 개념화되기 시작했다. 그리스가 문명의 주도권을 가진 중심세력으로 부상하면서 주변 페니키아인, 이집트인 등을 멸칭하여 바바리인으로 불렀다.[15]

그런데 로마 당대에는 바바리인이라는 단어가 이집트 페니키아 등과 성분도 전혀 다른 민족들, 고트 게르만족, 프랑

---

15 바바리안이란 말은 고대 그리스인들이 자기들과 다른 언어를 사용하는 민족을 가리키는 바르바로이(BARBAROI, 야만)라는 말에서 유래한 것으로, 그 단어 속에는 '폭력, 비겁, 미개' 등의 의미가 들어 있다. 세계사에서는 그리스·로마 인을 제외한 고대 유럽 인들을 가리켜 바바리안이라 부르는데, 여기에는 켈트 족, 게르만 족, 훈 족 등 수많은 부족들이 포함된다.
리처드 루드글리, 우혜령 역, 『바바리안:야만인 혹은 정복자』, 뜨인돌출판사, 2004.

크족, 앵글로색슨족, 훈족 등을 로마 상호 인식 속에 주변부 변방 민족을 멸칭하며 확대, 변주, 야만족으로써 역시 비하해, 보편명사로 굳어져가며 점차 야만=바바리인이라는 단어 개념으로 응용·고착화되어 갔다.[16]

다만 그리스 로마 중심으로 비하하는 멸칭 개념으로 사용하며 변주 확대된 바바리인의 개념은 바울을 통해 골로새서 신약 성경으로 들어옴으로써 차이, 차별로 비하, 멸칭화된 개념을 완연히 뛰어넘어 예수 그리스도 안에서 차별 없이 은혜와 자유, 값없는 구원을 누리고 받을 수 있는 집단 대상으로 승화되었다.[17]

따라서 바울 로마 당대에 그리스로부터 확대 응용된 인식, 바바리인은 원래 이집트 페니키아를 일컫는 멸칭을 넘어 고트 게르만족, 프랑크족, 앵글로색슨족, 훈족 등을 뜻하는

---

16 중앙유라시아 사회에 대한 헤로도토스와 사마천의 묘사는 '이방인'에 관한 그리스/유럽인과 중국인들의 관점을 실질적으로 형성하는 결과를 낳았다. 이는 훗날 헤로도토스나 사마천이 중앙유라시아 초원 국가를 폄하하는 이른바 '오리엔탈리즘' 또는 '중화사상'의 선구자처럼 인식하는 경향의 단초를 제공했다.
이광태, 앞의 책.

17 롬 3:22, 3:24

바, 위와 같은 성경적 인식과 정의대로 이 민족들이 후대 게르만-독일, 프랑크-프랑스, 앵글로색슨-영국으로서 로마에 대응해 차별받는 민족이 아닌 그리스도를 믿어 차별 없이 구원받아 기독교의 박애·평등·자유를 꽃피우는 민족과 나라가 되어간 것은 주지의 역사적 사실이다.

(2) 스구디아인, 스키타이 집단의 성서적·역사적 재구성, 인식 변용, 확장성에 대해

골로새서에 스구디아인은 스키타이를 가리킨다. 헤로도토스(Hērodotos)[18]를 통해 서구에 알려진 스키타이는 페르시아어로 보통 궁수를 뜻하는 단어로 해석되어지며, 한편 유랑하며 떠도는 유목민을 가리키는 말로 기원을 추적하기도 한다.[19]학계에서는 중앙아시아 일대에 확장하며 영향을 주고받

18 소아시아의 하리키루나소스의 매우 부유한 집안에서 태어나 높은 교육을 받고 특히 문학에 정통했다. 정치 싸움으로 고향에서 쫓겨난 뒤 30세 무렵부터 세계 편력의 여행길에 올랐다. 이 동안 페르시아 전쟁을 주제로 하는 『역사』(B.C.431~B.C.425년 추정)를 썼다. 그는 당시로서는 가능한 한 과학적 성실, 양심, 공평을 바탕으로 한 조사를 통해 역사를 썼다. 이후의 역사에의 영향은 극히 커서 키케로 이래 '역사의 아버지'로 일컬어지고 있다.
김희보, 『세계문학사 작은사전』, 가람기획, 2002.

19 〈표준국어대사전〉에서는 고대 그리스어의 Skythai를 따라 '스키타이'라 표기한다. 그러나 그리스어의 스키타이는 스키트어로 궁수를 뜻하는 스쿠다skuda-/쉬쿠다

은 스키타이를 흑해에 구심력이 있던 유럽 근방 서스키타이와 구분하기 위해 사카인이나 동스키타이라 명명하기도 한다.[20]

역시 페르시아 남부까지 호전성을 가지고 진출했던 스키타이는 이란부터 파키스탄 일대까지 시스탄(Sistan)을 남겼다. 시스탄은 세이스탄(Seistan)라고도 하며 기원전 2세기 스키타이인에게 정복당한 땅이었기에 사카스탄(Sakastan)이라는 말에서 기인했다. 중앙아시아에 진출했던 사카(Saka)인은 흉노족의 압박으로 서쪽으로 패퇴한 페르시아 계통의 월지에게 밀려나 남아시아로 이주하기도 하는데 이는 스키

---

skuoa–를 어근으로 하여 그리스어의 복수형 어미인 –ai를 붙인 것이다. 때문에 한국어 번역에서는 관용적인 '스키타이' 대신 어근에 더 가까운 형태인 '스키트'를 사용했다. '사카'는 고대 페르시아인들이 유라시아 북방의 유목민들을 부를 때 쓴 통칭이다. 그 의미는 '떠돌아다니는 사람'이라는 설과(스키트와 마찬가지로) '궁수'를 뜻한다는 설이 있다.
김현진, 앞의 책.

20 헤로도투스(Herodotus: 기원전 484?–425년)는 "아미리우스 스키타이 인들을 사카 인이라 불렀는데. 사실 페르시아 인들은 모든 스키타이 인들을 사카 인이라 불렀다"
디오도르스(Diodoros Sikeliotes: 기원전 90?—21년)는 "한편으로는 동해까지 또 다른 한편으로는 카스피아海와 메오치다湖까지 그들은 스키타이 인의 위세를 널리 떨치었다. 그들 종족들은 폭넓게 분포하였고 훌륭한 왕들을 가졌다. 왕들의 이름에 따라 스키타이 인들은 사카, 마사게트, 아리마스페이 등등의 여러 이름으로 불렸다.
헤로도투스. 〈역사〉. VII. 64 .
디오도르스. 〈Библиотekа〉 11, 43.

타이 문화가 인도까지 다시 영향을 미치게 한다.[21]

스구디아인은 흑해 연안 서구와 조우되었던 스키타이인을 비롯해, 카프카즈까지 확장된 사르마트 사카인, 사르마트-스키타이인을 멸망시킨 흉노-스키타이인을 아우른 역사적 개념으로 중앙유라시아학, 중앙아시아 학계에 확장, 포괄적 개념으로 적립되어갔다.

스키타이를 지배하면서 혼연된 사르마트-스키타이인들 카프카즈, 알타이 일대에 족적을 남겼는데 이들은 알타이 계통의 흉노족에게 지배당하면서 흡수되었다. 흉노족은 스키타이와 간섭 교류 혼재 양상[22]이 다분히 큰 유목기마민족

---

21 월지의 진출로 사카는 파르티아와 시스탄Sistan(이들이 동이란에 정착하면서 '사카의 땅'을 뜻하는 사카스타나Sakastana라는 이름이 붙었고 발음이 변화해 시스탄이 되었다), 심지어 파키스탄과 인도까지 밀려났다. 사카를 향한 월지의 서진은 동쪽의 흉노–훈의 활동으로 인한 것이었다. 흉노의 속민 오손은 월지에게 뼈아픈 패배를 안겨주었고, 약화된 월지는 사카의 정착지인 박트리아로 다시 이동할 수밖에 없었던 것이다.
김현진, 앞의 책.

22 서부 초원에서 이란계 언어를 사용하고 서기전 8~4세기까지 번성한 스키트/사카(Saka)가 흉노에게 문화적 영향을 주었다는 주장이 오래 전부터 있었다. 실제로 두 집단의 정치 체제 사이에 유사성/친연성을 보이는 증거가 존재한다.
김현진, 앞의 책.

으로서 알타이계통 민족들의 선조격으로 후에는 흉노-투르크, 몽골, 퉁구스, 한반도의 한민족 등으로 갈래가 나뉜다. 스키타이 문화에 상호 영향을 주고받은 흉노족을 매개로 스키타이 문화는 중앙아시아, 만주, 시베리아, 한반도까지 영향을 미친다.

(2)-1 헤로도토스와 바울에게 인식된 스구디아, 스키타이, 사카

B.C. 5세기 경 헤로도토스는 그의 저서 《역사》[23]에서 등장하는, 그리스 언어로서 스키타이, 페르시아 명문에 언급된 페르시아어 사카 종족은 좁은 개념에 흑해 북안에 있는 왕족 스키타이만을 한정적, 제한적으로 언급한 것만이 아니다. 넓게는 유럽부터 중앙아시아 현재 카자흐스탄과 우즈베키스탄까지 이르는 스이르다리아 강 좌안까지 아우르는 유목기마민족을 통칭하여 스키타이라 불렀다. 따라서 헤로도토스의 스키타이에 대한 역사 인식은 그리스와 비교적 가까운,

---

23 흔히 '역사의 아버지'로 일컬어지는 헤로도토스의 《역사》는 전 9권, 그리스와 페르시아의 전쟁이 그 골자로 되어 있으며, 기원전 479년까지의 사실을 기록하고 있다. 김희보, 앞의 책.

문명 주도권 주변으로써, 서구 유럽이나 근동에 영향을 미쳤던 스키타이, 사카 위주의 진술을 보이긴 하나, 북카프카즈, 중앙아시아를 아우르는 유목하며 말을 타고 다니는 호전적인 민족을 통칭하는 넓은 의미의 스키타이족의 확정성을 내포한 의미로 묘사될 수 있겠다. 스텝 초원지대를 배경으로 한 유목기마민족은 사실 가족단위 부족 집단 개념이 강하여 지역과 국경이 정해져 있는 근대 국가 집단과 궤를 달리한다. 농경 경제는 유럽 흑해의 일부 스키타이에게 한정적인 국면이었고, 스텝지역의 스키타이는 경제생활의 근간인 유목, 목축을 위해 목초지를 찾아 스텝 지역 여기저기를 말 타고 옮겨다녀야하는 속성상 광활한 목초지를 찾아 이동하는 주거 유동성은 불가피했다.[24] B.C. 2세기 이후 쇠락기를 거친 흑해 부근에 구심력을 가졌던 스키타이는 이후 동유럽과 카프카즈에 이르는 사르마트에게 구심력을 내어주고 사르마트-스키타이로서 구성체의 지도집단이 교체되게 된다. 이러한 확정 유동성에 역사의 흐름을 보면 사실상 헤로도토스의 넓은 의미의 스키타이 정의나 페르시아 관점의 고증적 관찰은 역

24 헤로도토스는 '농민, 농경 스키타이인'과 '유목 스키타이인'이 거주하는 지역과 문화 양식에 따라 구분하여 기술한다.
헤로도토스, 『헤로도토스 역사』, 동서문화사, 2023.

사적 혜안이었다고 볼 수 있겠다.

"나는 다른 점에서는 스키타이 족이 훌륭하다고 생각하지 않지만 한 가지 가장 중대한 인간사에 있어, 그들은 우리가 아는 모든 부족들을 능가한다. 그들이 해결한 중대사란 그들이 추격하는 자는 아무도 그들에게서 벗어나지 못하고, 그들이 따라잡히고 싶지 않으면 아무도 그들을 따라잡을 수 없다는 것이다. [중략] 말을 타고 활을 쏘기에 능하고, 농경이 아니라 목축으로 살아가는데 그런 그들이 어찌 다루기 어려운 불패의 부족이 되지 않을 수 있겠는가?"

헤로도토스《역사》6권 46p

더불어 헤로도토스는《역사》저술 가운데 위와 같은 진술로, 농경인 일부를 지배하던 스키타이인을 정주민이 아닌 유목기마민족으로 강력하게 기록하였다. 따라서 헤로도토스의 역사 인식에 기인하자면, 유럽과 근동 일대에 그들이 호전성에 불패의 민족으로 알려진 바, 성곽을 쌓고 지키는 정주(定住)적 농경민족이 아니라, 도리어 그런 농경민족을 지배하거나 약탈하는 유목기마민족의 특성을 지님을 간파했다 볼 수 있다. 스키타이의 이런 특성은 후대에 정주적 농경민족을 지배하거나 혼혈, 호종되기도 했지만, 대륙을 넘어 스키타이 세계를 확장하여 이어간 사르마트-알란, 훈-흉 민족 계통은, 역시 제한된 지역에 그 문화 문명이 고착화되는 정주적 농경 민족의 특성이 아닌, 유목기마민족의 기동성과 스텝 지역에 광활한 목초지를 찾아 이동하는 유랑적 특성을 지녔기에 스키타이를 이어 광활한 유라시아·중앙아시아·만주·시베리아·동유럽 대륙을 넘어 영향을 끼쳤다 하겠다.

한편 A.D. 1세기 경 바울이 골로새서를 기록하면서 스구디아, 스키타이를 언급했을 때는 이미 흑해 부근에 스키타이가 쇠락기를 거쳐 멸망하고, 또 다른 페르시아 계통에 민족 사르마트에게 주도권을 넘겨, 사르마트-스키타이 융합체가 역사적 전성기로 올라서고 있는 때였다.[25] 흑해 부근 원조 왕족 스키타이는 이미 사르마트와 알란에게 지배당해 해체, 융합된 당대에, 바울은 스키타이를 만유 가운데 차별 없이 그리스도 안에 모을 하나님의 약속을 언급하고 있었다.

---

25 선흉노-스키타이 세계의 하한은 서쪽과 동쪽에서 거의 비슷한 시기에 발생한 역사적 사건으로 인해 기원전 3세기로 편년된다. 즉, 서쪽에서는 사르마트에 의해 스키타이가 크림 반도로 밀려났고, 동쪽에서는 흉노가 흥기하여 주변의 유목민을 정복하였던 것이다.
정석배, 앞의 책.

헬라와 로마 시대를 거치며 바바리인의 개념이 게르만, 훈 등으로 변주되었던 것처럼, 바울의 골로새서 집필 당시에 스구디아는 헤로도토스가 인지한 좁은 의미의 흑해 북부 스키타이만이 아니라 사르마트를 접점으로 한 융합·재구성체로서의 사르마트-스키타이 인 셈이었다. 이후 사르마트-스키타이도 서쪽으로 이주한 흉(훈)노족에게 멸망당하고, 흉노-스키타이에 주도권을 내주게 되었다.

이에 따라 스키타이 세계와 문화는 결국 중앙유라시아부터 유럽 동부에 이르는 스텝지역을 적극적으로 활보한 흉노가 이어가게 되었다. 흉노족의 후예인, 돌궐-투르크, 몽골, 퉁구스 등이 여전히 스텝지역에 잔존하는 유목기마민족의 양태로 여전히 계속 살아가면서, 스키타이의 세계와 문화를 상호 영향 끼치는 가운데 흡수되어, 스키타이-흉노, 혹은 흉노-스키타이 족적을 동유럽부터, 알타이, 만주 한반도까지

광활하게 남겼다.[26]

(2)-2 알란-사르마트 스키타이인 후예, 오세트인/ 흉노 투르크족과 사카계열의 혼재성을 지닌 강거족

26 스키타이 세계와 그 문화 요소를 지니는 고고문화들은 다음 지도와 같다. 정석배, 앞의 책.

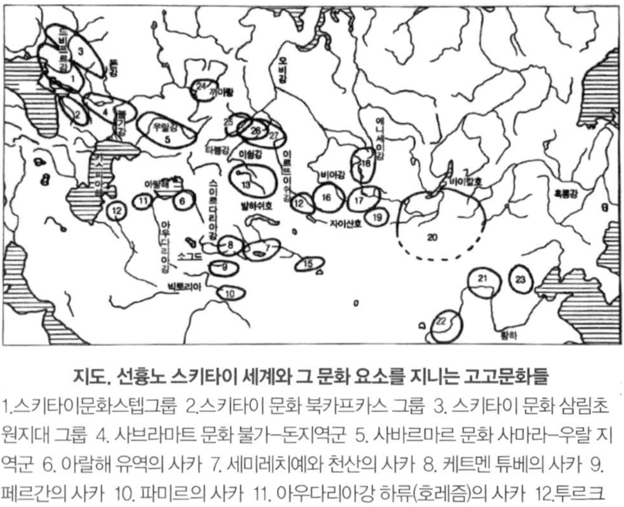

지도. 선흉노 스키타이 세계와 그 문화 요소를 지니는 고고문화들

1.스키타이문화스텝그룹 2.스키타이 문화 북카프카스 그룹 3. 스키타이 문화 삼림초원지대 그룹 4. 사브라마트 문화 불가–돈지역군 5. 사바르마르 문화 사마라–우랄 지역군 6. 아랄해 유역의 사카 7. 세미레치예와 천산의 사카 8. 케트멘 튜베의 사카 9. 페르간의 사카 10. 파미르의 사카 11. 아우다리아강 하류(호레즘)의 사카 12.투르크메니아 북서부의 사카 13. 중앙카자흐의 타스물라 문화 14. 동부카자흐스탄의 사카 15. 신강의 사카 16. 알타이의 파지릭 문화 17. 투바의 우육문화 18. 미누신스크 분지의 타기르 문화 19. 서몽고의 울람곰 문화(찬드만–우울문화) 20. 판석묘 문화 21. 오르도스 모경구 문화 22. 영하–감숙성 동단의 초기 철기문화 23. 하북성 북부의 청동–초기 철기문화 24. 아나니노 문화 25. 바이또보 문화 26. 가라흐보 문화 27. 사르사르 문화

스키타이의 지배계층으로 올라서게 된 알란-사르마트인은 이후 동유럽에 진출한 흉-훈족에 의해 사멸되었다. 사실 사멸이라기보다 흉노족 유목기마민족의 특성상 훈-흉이 지배계층으로 올라서고 역시 사르마트, 고트, 우랄, 핀 족 계열이 피지배계층으로 혼연된 구성 집단이 중앙아시아, 코카서스, 동유럽까지 산개하고 된 양상과 같이, 지배계층의 혁신적 교체이며 스키타이를 계승한 사르마트-훈의 결합 구성체가 생긴 셈이다.[27] 흉노의 후신인 알타이계 민족은 동북아 근처 남방 농경민족인 중국과 경쟁하다가 패배하거나 유목기마민족 내부 경쟁에서 패배한 계열이 계속 중앙아시아 서쪽으로 진출하면서, 현재까지 투르크 종족만 35여개 이상, 15개 국가에 자치국을 남겼다. 중앙아시아, 코카서스, 동유럽까지 서쪽으로 진출한 흉노, 알타이계 민족은 그곳을 지배하면서도 할거하던 원주민이나, 먼저 진출했던 비근한 계열·계통의 부족, 민족, 나라들에 구성원 전부를 파멸시키고 식민화하기보다 지배계층만 교체함으로써 서로 초원 유목 지대에 융합 집단으로 재구성되어 오는 경향을 꾸준히 보여 왔다.

---

27 때문에 유라시아 대륙에는 스키타이 시대에 뒤이어 흉노·사르마트 시대가 도래하게 되는 것이다.
정석배, 앞의 책.

따라서 스키타이를 계승한 알란-사르마트 등도 훈-흉노 알타이계 민족에게 지배권을 내어주면서도 융합되면서 그들에 스키타이-사르마트 집단 특성을 사르마트-훈이라는 새로운 주도 집단에게 인계하게 되었다고 보는 편이 타당하다. 이에 더해 투르크 계열을 연구하는 학자들이 "스키타이-사르마트", "사르마트-훈-흉노"라는 문화 벨트들을 연결 관계로 개념화하는 경우가 점차 보편화 되어왔다.

알란-사르마트가 동유럽까지 진출한 훈에게 폐퇴하면서 북카프카즈에 잔존 세력으로 남아있는 경우가 오세트인이다. 오세트인들은 교차로인 북카프카즈에 주로 잔존하면서, 계속된 흉노 알타이계 민족이 서쪽으로 몰려오는 역사상 용광로 지대에서 알란-사르마트의 후손으로 정체성을 겨우 지켰다. 이들은 또 다른 알타이 계통에 민족인 몽골족의 침입과 오스만투르크의 지배까지 경험하며 늘 흉노족 후예들과 조우해야만 했다.

한편 중국 입장에서 사마천 등에 관점으로 바라본 민족

중에 "강거(堅昆)"[28]라는 민족이 존재했다. 카자흐스탄과 우즈베키스탄은 투르크 계통의 민족인데도 카자흐스탄 남부에 존재했던 강거를 투르크 역사의 내부·일부로 여긴다. 페르시아 계통과도 연관성이 있는 "강거"는 한편에서는 사카 부족 그룹을 기반으로 형성, 소그드(Sogdian)[29]어를 사용하는 집단이었다고 학자들은 바라본다. 스키타이 계열이면서도 흉 돌궐, 투르크 민족의 역사로도 편입된 "강거"인은 스키

---

28 강거는 사시(Шаш, Shash) 지역 남쪽과 시르다리야(Сырдарья, Syr Darya) 강 하류에 도달하는 탈라스(Талас, Talas) 강과 추(Чу, Chu) 강 하류 지역에 위치한다. 대표적인 유적인 쿨토베(Культобе, Kultobe) 유적을 발굴한 결과, 기원전 3세기부터 시르다리야 지역에 있던 기존의 사카부족 그룹을 기반으로 문화를 형성한 것으로 판명되었다. 기원전 3세기의 유적인 쿨토베 거주지에서는 소그디아나(Sogdiana: 중앙아시아 아무다리야강과 스르다르야강 사이 지역을 일컫는 고대 명칭, 소그드인들이 사는 도시라는 뜻) 기호가 적힌 동전과 비문이 새겨진 점토판이 발견되었다.
Zadneprovskiy, Y. A., The Nomads of Northern Central Asia After The Invasion of Alexander. In Harmatta, János. History of Civilizations of Central Asia: The Development of Sedentary and Nomadic Civilizations, 700 B. C. to A. D. 250. UNESCO, 1 January 1994.
Ю. А. Заднепровский Древние номады Центральной Азии. (Сборник статей)// СПб: 1997. 114 с.
Грене Ф., Новые свидетельства о Нахшабе и Кеше античного периода // Роль города Карши в истории мировой цивилизации. Ташкент-Карши, 2006.
김재윤, 『투르크학 인문 대사전』, 유라시아투르크연구소, 2023.

29 소그드는 계라브샨 강음 따라 위치하는 사마라간트와 부하라 지역으로 비정된다. 소그드의 남쪽, 바흐쉬 강과 수르한다리야 강 유역에는 박트리아가 위치하였다. (Степмая полоса, 1992)

타이-흉이 서로 연관된 유목기마민족의 혼재, 혼합 구성체의 증거인 셈이다.

(2)-3 스키타이-사르마트, 사르마트-훈 문화에 이어 스키타이-사르마트-훈(흉) 세계 개념 제안

유라시아, 중앙아시아 학계에서는 이미 1980년대부터 흑해북안에서 투바까지 이르는 광활한 지역을 대상으로 스키타이 문화의 공통 3가지 요소, 쿠르간 무덤 양식의 공통분모 등을 광범위하게 고고학적 증거로 찾아내고 입증하면서, 스키타이 문화가 아닌 이 범주의 세계를 스키타이 세계로 규정하자는 주창과 합의들이 있어왔다. 1980년 <<스키타이학의 논점들>>이라는 주제발표에서 I.V 야첸코와 D.S. 라옙스키는 스키타이 공통 문화를 넘어선 스키타이 세계라는 용어를 주창하였고, E. A. 노브고라도바는 서몽고와 중앙아시아 등의 문화에도 스키타이의 문화의 삼요소-스키타이 고유의 무구, 마구, 동물장식에 공통 양식이 나타남을 볼 때, 스키타이 세계의 범위를 넓힐 것을 추가 제안하였다. 스키타이학 전문가들은 스키타이 문화 기원, 국가, 종교 등에 관해서는 이견을 제시하였지만 스키타이 세계라는 용어 사용에 관해서는 이론이나 반대의견이 없었다. 그만큼 스키타이학에서 동유럽, 유라시아, 중앙아시아 등지에 스키타이 요소가 광범위에 걸쳐 즐비하며, 보편적으로 입증될 만큼 고고학적으로 공증된 증거가 쌓였다는 방증이었다.[30]

사실 스키타이 세계라 명명되는 지역 가운데 이러한 세계를 연 원주민인 스키타이나, 사카는 인종적 특성이나, 유목기마민족으로서의 현존 자취가 일찍이 헬라와 페르시아 문명에 동화되어 거의 없어졌다. 또한 스키타이를 계승했다 여겨지는 스키타이-사르마트도 오세트인 정도의 잔존·자취만을 미미하게 남긴 채 훈, 흉에게 멸망, 융합되었다. 그렇다면 왜 동유럽의 훈(흉노)부터 유라시아, 중앙아시아에 현존하기까지 하는 흉 혹은 한자로는 "호(胡)"[31] 라 명명되어 왔던 흉노의 친족 계열인 알타이계 계통의 민족 투르크, 몽골, 만주 퉁그스 족, 심지어 한반도 한민족에 이르기까지는, 스키타

30 따라서 현재 스키타이학에서 말하는 '스키타이 세계'란 흑해북안에서 중국북방까지의 스키타이적 요소를 지니는 모든 고고문화를 총칭한다고 볼 수 있다.
정석배, 앞의 책.

31 사마천 역시 중국인과 다른 이방인을 철저히 구분했고, 특히 흉노를 '호(胡)로 지칭하여 차이점을 부각했다.
이광태, 앞의 책.

이 요소가 특징적으로 발견되며 스키타이 세계라 명명할 만큼 스키타이 요소에 유의미한 자취가 있었던 것일까?

고대 스키타이, 사카 등은 대체로 유목기마민족의 특성을 갖춘 민족이었으나 헬라·페르시아가 문명 주도권을 가지면서 페르시아와 헬라가 한 때 정주 문명의 중심이 된다. 따라서 이와 조우하거나 흡수된 스키타이 사카인, 알란-사르마트 등은 고유의 유목기마민족의 삶을 버리고 정주문명에 흡수되어 자취가 없어졌다. 스키타이 삼요소를 보라, 무구, 마구, 동물장식 등은 모두 초원스텝지대에서 무기를 가지고 농경정주민족을 약탈하며, 기동성을 보장하는 말을 타고 목초지를 찾아 이동하며, 동물 등에 토템 등을 숭배하는 생활양식, 즉 정주하지 않는 유목기마민족의 고유 특성을 지키며 살아야 계승될 수 있는 양식들이다.

스키타이, 사카가 헬라·페르시아 문명과 조우하며 동화 흡수되었다지만, 사르마트 알란 등 일부를 통해 여전히 유목민족의 삶을 계승해서 스키타이 양식이 그들에게 남았다면, 역시 훈-흉노를 비롯한 그들의 후신 알타이계 민족은 계속적으로 유목기마민족의 삶을 영위해 왔기에 스키타이 양식

마구, 무구 장식 등과 조우하며 응용·계승해온 것이다. 정주하는 농경 민족이 당연히 농사에 도움이 되는 소의 코뚜레는 필요할지언정, 무기나 말에 채우는 도구나 장식이 중요할 리 없지 않은가. 혹은 유목기마민족의 정주하지 않고 이동하는 특성상 한 지역에 거대한 신상을 세우기보다는 초목을 찾아다니는 주거 이동이 빈번한데, 당연히 소지가 가능한 동물 형상 등의 토템이 종교적·영적 양식이 될 수밖에 없지 않은가.

또한 페르시아, 헬라 정주문명에 흡수된 스키타이 사카 후손들이 그 문명과의 동화를 이겨내고 독자적 자취를 지켰더라도, 정주문명 양식을 받아들여 한 지역에 고착화된다하자. 그렇다면 대륙을 활보하는 기마기동성에 의지한 유목기마민족의 특성이 없어지거나 상쇄되고 말이라는 대륙을 넘어선 기동력이 폭넓은 매체의 전달성에 따라, 스키타이 양식이나 문화·세계가 세계에 널리 유포되긴 어렵게 된다. 따라서 고대 중세 근대까지도 유목기마민족의 라이프스타일이 계속 이어져 상존했던 흉-알타이계 민족이 스키타이 양식과 세계를 흡수하여 유라시아, 중앙아시아, 시베리아 등지에 스키타이 양식을 전파한 것은 정주민족의 지역 고착성과는 전혀 다른 대륙너머의 유포성을 지닌 탓이었다. 그러니 유목기마민족이었던 스키타이족의 세계가 흉노족에게 전파되고 상호 영향을 끼쳐 응용되어 동유럽이나 유라시아, 중앙아시아, 시베리아 한반도 등지까지 유포된 것은 오로지 흉노족과 알타이계 유목기마민족이 스키타이 세계를 계승했기 때문이다.

스키타이 삼요소라 불리는 무기, 마구-말갖춤, 동물장식과 무덤 양식, 쿠르간은 중국 오르도스 지역까지 이르는 넓은 유라시아 초원지대에 거의 동시에 나타나며, 심지어 쿠르간은 신라 고분에서도 발견된다. 따라서 헤로도토스 이후 흑해 북안에서 발생했다 여겨졌던 스키타이 세계가 서에서 동으로 확산된 것이 아니라, 중간 지대 시베리아에서 기원했거나 동서에서 동시에 기원하였다는 설이 제시되고 있는 실정이다. 그렇지 않으면 광활한 대륙을 넘어 동유럽, 시베리아·중앙아시아·유라시아·중국 북서부에 이르는 거의 동시적인 스키타이 문화와 세계가 이해하기 어렵기 때문이기도 하다.[32]

---

32 스키타이의 유물로는 소위 '스키타이 삼요소'라고 불리우는 청동무기(靑銅武器), 말갖춤(馬具), 동물장식(禽獸裝飾)이 대표적이다. 무덤은 움(土壙)에 통나무로 만든 나무방(木室)을 짜고 그 안에 덧널(木槨)을 넣고, 흙으로 봉분(封墳)을 쌓은 적석봉토분(積石封土墳)이 주를 이룬다. 스키타이 삼요소는 스키타이문화 뿐 아니라 동쪽으로는 중국 오르도스지역에 이르는 넓은 유라시아 초원지대에서 거의 동시에 나타

스키타이 양식의 무덤 형태인 "쿠르간" 역시, 페르시아 계통의 스키타이나 사카, 사르마트의 언어가 아니라 흉노의 후신인 고대 투르크 언어의 단어이다.[33] 이는 곧 사르마트가 훈-흉에게 멸망당한 후 유목기마민족 스키타이 전통으로서의 무덤양식 즉 움에 나무 방을 짜고 덧널을 넣고 흙으로 봉분을 쌓던 방식을 흉노의 후예인 알타이 계통의 민족 투르크 종족이 계승해 "쿠르간"이라고 불렀음이 자명하다.[34]

난다. 20세기 중엽까지만 해도 스키타이의 청동기문화가 서쪽에서 동쪽으로 전파된 것으로 보았지만, 지금은 시베리아 자체에서 기원하였거나 동과 서쪽에서 동시에 기원하였다는 설이 제시된다.
국가유산 지식이음, 「청동기시대편」, 『한국고고학 전문사전』, 2025.
데.아.아브두신 저, 정석배 역, 『소련고고학개설』, 학연문화사, 1994.
에.베.뻬레보드치고바 저, 정석배 역, 『스키타이 동물양식』, 학연문화사, 1999.
최몽룡 · 이헌종 · 강인욱, 주류성, 『시베리아의 선사고고학』, 2003.

33 러시아 말로 거대한 무덤을 뜻하는 쿠르간은 그 어원이 투르크어에 있고 지금은 유라시아 초원의 무덤을 통칭하는 말로 쓰인다.
강인욱, 『유라시아 역사 기행』, 민음사, 2015.

34 쿠르간은 '봉분' 또는 '구릉'을 뜻하는 투르크어계통의 말에서 기원했으며, 현대적인 고고학이 시작되기 이전, 즉 20세기 이전의 고고학관계 문헌에 이미 등장하는 것으로 보아 그 사용연대는 매우 오래된 것으로 보인다. 정확한 쿠르간의 기준은 없으나 대체로 봉토가 외견상으로 보이는 정도(1m 이상)에, 범위는 묘광보다는 넓은 면적으로 적어도 직경 3~4m 이상이 형성되어있는 것을 쿠르간으로 보는 경우가 많다(봉토가 없는 무덤의 경우 '토광묘Грунтовой могильник'라고 한다). 쿠르간의 봉토에는 흙, 괴석 등이 이용되며 무덤주위에는 해자(垓子)를 판 경우도 많이 있다.
국립문화재연구소 편집부, 『고고학사전』, 국립문화재연구소, 2001.
Arkheologiya SSSP, Stepnaya polosa Aziaskoy chasti SSSP v skifo-

이와 같이 스키타이 세계가 계승되고 전파되는데 사르마트에 이어 주도적 역할을 해온 훈, 흉노, 알타이계통의 민족들과의 연관성을 명징한 학술적 개념으로 정립할 필요가 있겠다. 스키타이-사르마트라는 개념이 이미 학문적으로 정립되었고, 심지어 사르마트의 멸망에 이어 등장한 훈과 사르마트 복합문화도 "사르마트-훈 문화" 세계도 학문적 개념으로 인정받는 바, 스키타이-훈(흉) 혹은 스키타이-사르마트-훈(흉) 이라는 개념이 확립될 필요가 있다 하겠다.

흉노의 후신인 투르크, 몽골, 퉁구스 등에 왜 스키타이 세계가 구축되었는지 "스키타이-훈(흉)세계"를 연결 관계로 개념 정립하면 동유럽에서 중국 북서부에 이르는 광범위한 지정학 공간에 스키타이 세계가 존재하는지에 대한 명확한 학

---

sarmatckoe vremya, 1992.
이러한 쿠르간 봉토분은 서쪽 멀리 몽골 울란바토르의 북방 하라강(江) 유역 노인 울라(Noin-Ula Site)에 있는 흉노(匈奴) 귀족의 고분군(古墳群)에서도 발견되며 그 시대는 前漢(기원전 206년~서기 9년) 晩期인 기원전 1세기~서기 1세기에 속한다.
이 고분군의 축조연대는 기원전 1세기 ~서기 1세기 전반에 걸친 흉노의 중흥기로 당시 동쪽의 중국 漢나라, 서쪽은 파르티아(Parthia, 기원전 247년~서기 224년) 등의 서역(이란)까지, 또한 북쪽은 스키토 시베리아(Scythito-Siberia) 문화권과도 문화교류가 성행했고 그 문화교류의 중개자로서 匈奴의 역할이 컸을 것으로 추측된다. 따라서 고대의 동서교류사 연구에 중요한 유적이다.
최몽룡 377p.

문적 근간 개념으로 작동할 것이다.

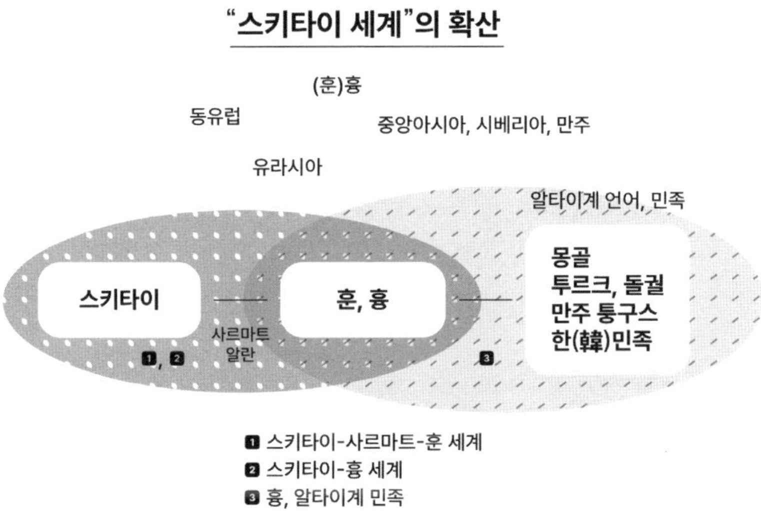

* 스키타이 세계 확산 모식도

Ⅲ. 흉노의 후신
– 투르크, 몽골, 퉁구스, 한(韓)민족 등 알타이계 민족과 스키타이 세계의 연관 관계 조명을 위한 학제적 연구 과제

흉노의

후신인 투르크, 돌궐, 몽골, 만주-퉁구스, 한(韓)민족을 비롯한 알타이계 민족의 관계성은 알타이계통 민족의 언어가 서로 친족어라는 알타이어족[35]이라는 개념의 역사비교

35 알타이어족은 크게 투르크 · 몽고 · 퉁구스의 세 어군(語群)으로 구성되어 있다. 각 어군의 사용지역과 그 하위 방언들은 다음과 같다.
(1) 투르크어군
정확히는 튜바시투르크어군이다. 터키공화국 및 소아시아에서 소련 판도내의 볼가강유역, 중앙아시아, 중국의 서역에 걸치는 넓은 지역에 분포되어 있다. 투르크어군은 ㉮야쿠트어(Yakut), ㉯튜바 · 카카스제어(Tuva—Khakas), ㉰킵차크제어(Kipchak), ㉱차카타이제어(Chaghatai), ㉲투르크멘제어(Turkmen) 등으로 구성되어 있다. 고대투르크어의 자료로는 8세기의 돌궐문자(突厥文字) 비문과 8~10세기의 위구르문자 사본들이 있고, 중세 투르크어는 아랍문자로 표기된 자료들이 있다.
(2) 몽고어군
내몽고 · 외몽고를 중심으로 하여 동으로는 북만주로부터 서로는 멀리 볼가강유역에 이르는 광대한 지역에 분포되어 있다. 이 어군은 ㉮산타어(Santa), ㉯몽구오르어(Monguor), ㉰다구르어(Dagur), ㉱모골어(Mogol), ㉲오이라트어(Oirat), ㉳부랴트어(Buryat), ㉴몽골어(Mongol) 등으로 구성된다. 몽고어군의 자료는 1225년경에까지 소급된다. 중세 몽고어는 한자 · 아랍문자, 아랍문자, 파스파문자(八思巴文字)주1로 된 자료가 다수 남아 있다.
(3) 퉁구스어군
시베리아 동부, 흑룡강, 우수리강유역, 만주 등에 분포되어 있으며, ㉮만주어(Man-chu), ㉯골디어(Goldi), ㉰차어(Ulcha), ㉱오로치어(Orochi), ㉲오로키어(Oroki), ㉳우데

언어학으로 체계화 되었다. 알타이 언어로 불리는 여러 언어들은 어휘 문법 등 면에서 상호 유사성을 지니는데 이들을 재구성해봤을 때 알타이 계통을 공통 분화 시킨 공통조상어가 있을 것이라 주장한 학자가 람스테드와 포페다.[36]

람스테드는 알타이계통 언어와 연관성으로서 한국어

헤어(Udehe), ㊇네기달어(Negidal), ㊉에벤키어(Evenki), ㊈라무트어(Lamut), ㊋솔롱어(Solon) 등으로 구성되어 있다. 퉁구스어군을 사용하는 인구는 극히 소수이다. 여진문자 · 만주문자로 된 자료가 남아 있다.
한민족문화대백과사전, 한국학중앙연구원 (https://encykorea.aks.ac.kr/Article/E0035147), 2025.05.
이기문, 『국어사개설』, 탑출판사, 1972
김방한, 『한국어의 계통』, 민음사, 1983
이기문, 「한국어형성사」, 고려대학교민족문화연구소 편, 『한국문화사대계』 5, 1967
Ramstedt, G.J., Remarks on the Korean Language, Mémoires de la Société Finno-Ougrienne 58, 1928
Poppe,N., Introduction to Altaic Linguistics, Wiesbaden, 1965

36 1928년에 저명한 알타이어학자인 람스테트(Ramstedt, G. J.)는 「한국어에 관한 관견(Remarks on the Korean Language)」이라는 논문을 발표하여서 이 방면의 주목을 끌었다. 그의 가장 큰 공적의 하나는 무엇보다도 투르크어 · 몽골어 · 만주-퉁구스어 사이에 친근관계가 있다는 알타이가설(혹은 알타이어족설)의 기반을 닦은 일이다. 그리하여 진정한 알타이어학은 람스테트와 더불어 시작된다고 하여도 과언이 아닐 것이다.
람스테트에 이어서 한국어와 알타이제어의 친근관계를 한층 깊이 있게 연구한 학자는 포페(Poppe,N.)이다. 포페도 탁월한 몽고어학자이자 알타이어학자이다. 람스테트에 의해서 닦여진 알타이어족설은 포페에 의해서 한층 정밀화되었다. 그리고 그의 연구대상에는 한국어도 포함되었다.
국어계통론 [國語系統論], 『한국민족문화대백과』, 한국학중앙연구원

의 입지를 주장했고, 포페는 알타이계통의 언어 가운데 한반도언어만이 비교언어학적 재구성 가운데에서도 알타이 언어와의 유사성과 상이성이 공존하는 부분을 언급했다. 포페는 1. 만주퉁구스어군과 투르크어군이 긴밀한 관련이 있듯 한국어는 다른 알타이 언어와 관련이 있을 수 있다. 2. 한국어 조어(Proto-Korean)는 알타이 언어가 존재하기 전에 분기했을 수 있다. 3. 한국어에는 알타이 기층과 다른 층위가 쌓였다는 견해를 밝혀 한국어의 알타이 언어 유사성과 상이성, 두 측면을 모두 고려했다.

이러한 람스테드의 알타이계통 한국어, 포페의 알타이 기층이 존재하나 비알타이어 요소를 지닌 한국어라는 한국어계통에 대한 두 학자의 진단을 이어 김방한(1983)은 알타이 언어 계통 만주퉁구스, 투르크, 몽골어와 한국어의 친근·유사성을 분석했다. 그러면서도 한반도어의 고유 특성이 이질적으로 존재하는 이유를 중앙아시아에서 한반도에 이주해온 예맥족, 알타이계통의 민족과 다른 고아시아족 혹은 길랴크어 기층을 토대로 원시한반도어[37]가 형성되었음을 논하

37 김방한은 한국어의 위치가 그것을 도식화할 정도로 확실하지는 않으나, 한국어가 퉁구스어와 매우 밀접한 관계에 있을 수 있는 개연성이 가장 높다고 보았다. 그리

여 알타이 계통 민족들과 연관성 하에 한국어의 독특성을 주창했다. 이밖에도 국내에서는 김방한을 비롯해, 이기문, 이숭녕 등이 알타이 계통에서 한국어의 연관성을 찾으려한 대표적 학자들이다.[38] 알타이 제어는 모음조화, 어두의 자음 조직이 제약을 받는다는 점, 교착성, 모음교체 및 자음교체에 의한 굴절이 없다는 점, 관계대명사 및 접속사 부재, 연결어미를 갖는 부동사의 존재, 후치사의 존재 등으로 언어적 공

고 그는 한국어와 알타이제어와의 비교에서 당면하는 여러가지 곤란성의 근본적인 요인을 해명하려고 하였다. 그리하여 비알타이어일 가능성마저 있는 기층언어를 가정하고 그것을 '원시한반도어' 라고 불렀다.
국어계통론 [國語系統論], 앞의 책.

38 알타이 단일체 계보도, 이기문, 앞의 책.

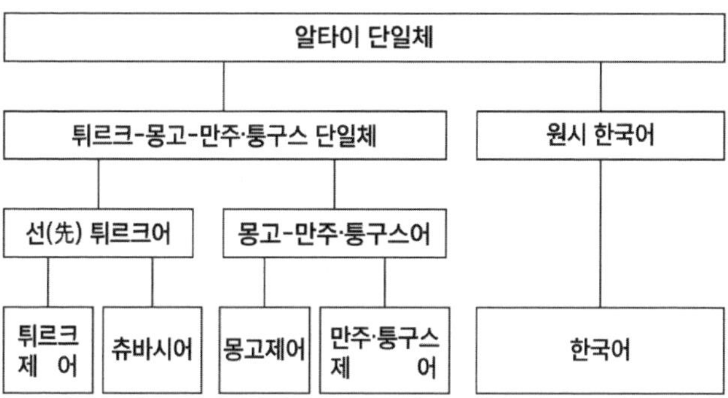

동분모가 존재한다.[39] 이것이 오늘날 알타이계 민족과 한반도인의 친족, 연관 관계를 밝히는 학술적 한 저변이 되었으며, 문화나 사는 양상을 고증하는 고고학적 비교 공통분모 증거보다, 민족이 공통 언어 단위의 집단(ethnic group)이라는 점에서 더욱 근친 집단 민족들이라는 방증이 될 수 있었다. 참고로 한반도에 형성된 한민족은 B.C. 1000년 경, 민무늬토기(고고학적 증거)를 사용한 예맥족, 즉 알타이계 민족이 중앙아시아로부터 한반도로 유입된 것으로 본다.

공통 조상, 친족, 차용 상호 관계로서 흉노의 후신, 투르크-돌궐, 몽골, 만주-퉁구스, 한민족 등 알타이계 민족의 유

39 알타이 제어가 가진 일반적인 특징은 다음과 같이 요약할 수 있다. 알타이 제어의 공통적 특징인 '주어 - 목적어 - 동사(SOV)'의 어순을 가진다. 그리고 교착어(첨가어)와 모음조화가 있다. 어두의 자음군이 제약을 받으며 두음법칙이 있어 특정 자음은 (유음 /r/, /l/) 어두에 거의 쓰이지 않는다. 또한 부동사(converb)가 있는데 문법적 성은 없다. 알타이 제어의 두드러진 음운론적 특징으로는 모음조화가 있다. 이 언어들은 전설 및 후설 모음의 순행동화 현상이 나타나며 부분적으로 원순모음의 순행동화 현상도 나타난다. 또한 단어의 어두에 둘 이상의 자음군도 나타나지 않는다. 형태론적으로는 문법적 성의 부재로 성에 따라 단어의 형태가 바뀌지 않는 특징이 있다. 형용사가 명사 앞에 오며 형용사가 명사 뒤에 놓여 서술어로 쓰일 경우에도 형태적 변화가 없다는 뜻이다. 또한 파생접사, 곡용 및 활용접사가 접미 되어 문법적 범주가 달라지는데 이와 같은 교착어, 첨가어적 특징을 지녔기 때문에 알타이 제어는 접미사가 풍부하다. 또한 통사론적으로는 수식어가 피수식어 앞에 오며, 구문 간의 연결은 동사 어간에 부사형 연결 어미가 접미되어 이루어지는 특징이 있다.
이양희, 「알타이 제어」, 『투르크학 인문 대사전』, 2023.

사성이 계속 언어학, 고증학, 고고학적으로 밝혀져 왔다. 또 이러한 알타이계 민족과 흉을 매개로 스키타이 세계의 유사 특징 - 스키타이 삼요소와 쿠르간 무덤양식 등도 역시 흉노(훈)가 활동한 동유럽, 유라시아, 시베리아, 중앙아시아, 한반도에 이르기까지 동시에 알타이계 민족에게서 나타나고 있다.

따라서 흑해 북안 스키타이, 중앙아시아 일대까지 나타나는 사카와 연관관계를 가진 훈-흉 세계, 즉 스키타이-훈흉의 세계를 고고학적·고증학적-문헌학적 근거로 연구하고, 흉을 매개로 연관된 알타이계 민족 집단을 언어학적 연구 등으로 공통분모를 찾아내어 비교하는 종합적, 입체적, 학제적 연구 관점이 서로 더해진다면 스키타이부터 한반도에 이르는 스키타이 세계에 연관성이 조명될 가능성이 더욱 크다.

이 같은 학제적 연구는 다음의 스키타이 세계 성립 가설의 몇 가지 패러다임 경향을 고려해 이견들을 보완할 필요가 있다.

1. 스키타이가 흉노족과 공통분모의 유목기마민족문화를 B.C. 10세기 전부터 공유한 원시 스키타이가 존재했다가

각자 스키타이와 흉으로 분화된 것이거나 상호 선(先)스키타이, 선(先)흉노기에 영향을 주고받은 것인지 아니면 (정석배, 강인욱)

2. B.C. 7세기 경 흑해 북안에서 전성기를 이룬 스키타이 세계가 초원길 실크로드 등으로 말의 기동성에 힘입어 사르마트, 흉노 등과 연관 관계를 가지고 순차적으로 A.D. 5세기에 신라의 스키타이 쿠르간 양식의 고분까지 영향을 미칠 수 있었는지 (김현진, 이광태, 김호동)

3. 1과 2의 가설이 복합적으로 역사 가운데 나타난 것인지 (최몽룡) 등의 유형을 지닌다.

이와 같은 가설들은 "스키타이 세계"의 공통분모와 공통양상을 인정하는 경향을 보인다. 동유럽, 유라시아, 시베리아 중앙아시아, 중국 북서부, 만주 한반도에 이르기까지 나타나는 스키타이 공통 양식이 세계에 흩어진 분수령과 그 역사적 시기를 분석하는 데는 아직 서로 이견이 존재한다.

이와 같은 이견을 좁혀 가는데 있어서, 본격적으로 문자를 사용하지 않은 흉노족 등 유목기마민족의 특징 상 제약이 있으나, 고증학·고고학·비교언어학 등의 연구 성과를 비교하여 추론·근거·입증하는 학제적 연구가 가설 정립에 진전을 가져오게 할 가능성이 있다.

Ⅳ. 결론

대체로 정주민이 아닌 유목기마민족 스키타이는 B.C. 5세기 헬라, 근동의 정주 문명으로 바라본 흑해 북안 스키타이 중심으로, 헤로도토스를 통해 역사가 기술되었다. 한편 동북아 정주 문명이었던 중국 한(漢)족인 사마천의 시각과 관점으로 B.C. 1-2세기 경 중국 북방 유목기마민족인 흉노의 역사와 습속이 기록되었다. 이후 그리스나, 중국 정주문명의 역사 기술이 치밀히 미치지 못했던 시베리아, 카자흐스탄, 투바 등지에서 스키타이와 흉노족의 공통 양상에 스키타이 삼요소, 무덤 양식 등이 발견되면서 상호 영향을 준 스키타이 흉 유목기민족의 공통분모의 세계를 "스키타이 세계"라 학문적 개념으로 합의, 명명해가면서 소위 "스키타이 세계"의 공통분모는 현재 몽골, 투르크, 만주 퉁구스, 한반도 한민족에게까지 발견되면서 영역이 더욱 확대되었다. 스키타이인·스키타이민족은 사르마트를 지배계층으로 받아들이고 예속되면서 현재 인족적·민족적 자취는 거의 사라졌으나 사르마트를 정복 해체한 훈-흉노족을 매개로 그들의 스키타이 세계와 문화는 동유럽, 유라시아, 중앙아시아, 시베리아, 만주 등에 전파되어 확산되었다.

선교학적으로 볼 때, 성경 골로새서에 바울을 통해 기술된 스키타이 단일 인종은 없어졌으나, 골로새서 기록 당시 AD 1세기 경 바울이 언급한 스키타이는 당대에 사르마트에게 지배권을 내어주고 유목민 특성 상 융합되어 사르마트-스키타이로 재구성되고 있는 시기였다는 점은 의미심장하다. 따라서 바울이 언급한 바바리인의 역사성[40]과 마찬가지로, 스키타이의 성서적 상황 개념은 역사적 확장 개념의 지평에서 있었다.

이후 사르마트-스키타이를 지배한 훈족의 등장으로 사르마트 훈, 흉-스키타이 세계가 등장하고 소위 "스키타이 세계"를 보유, 전 세계에 전파한 민족은 흉-알타이계 민족이 되었다. 이들은 민족적 성분과 언어, 나라를 보존한 채로 현존하는 민족 집단이다. 흑해 북안의 스키타이인이 대체로 인종적으로는 사라지거나 지배집단에게 혼혈 융합된 것과 대비하여 알타이계 민족은 현존 민족 집단인 바, 선교의 대상이 되어 왔다.

---

40 야만'(형 Barbarian ; 헬 바르바로스 Bapβapos) 본래 그리스인들은 그리스 어를 사용하지 않는 모든 사람들을 야만 이라 불렀다. 따라서 야만이라는 말은 경멸하거나 상스러운 말이 아니라 언어와 문화적인 구분을 나타내는 말이었다. 신약에서는 그리스. 로마 문화를 누리지 못하는 모든 사람을 야만이라고 불렀다(롬 1:14, 골3:11, 행28:2,4의 '토인'도 헬라어로는 '바르바로스'이다. 고전14:11에서 바울은 이 말을 '말을 알아듣지 못하는 외국인"이란 의미로 사용하였다.
아가페출판사, 앞의 책, p1128.

한편 흉(훈)족 계통에 후예인 오스만투르크는 15세기 경 콘스탄티노플을 점령하고 유럽을 압박하였다. 동시대에 루터가 투르크족을 "악마의 자식들"[41]로 선포한 이후 그 여파로 소아시아, 중앙아시아 등지에 15개국, 35개 종족을 이룬 투르크 종족 성분의 나라들[42]에게 서구 선교 접근이 미온적이었다.

로잔세계선교대회 등을 통해 현대 선교 이론 전략에 혁혁한 기여를 한 랄프 윈터(Ralph Winter)는 한반도 한민족의

---

41 투르크인들은 '신의 채찍이며, 악마의 자식들이라는 것은 의문의 여지가 없다'고 루터는 1529년에 쓴 『투르크인과의 전쟁에 대하여』에서 단정했다. 투르크인들의 위협을 이렇게 신학적으로 평가한 것 때문에 루터는 로마(교황청)와 논쟁을 벌여야 했다.
루드비히 하게만, 『그리스도교 대 이슬람: 실패한 관계의 역사』, 심산, 2005, 154p.

42 발칸 불가르족, 발카르인, 바시키르인, 가가우스인, 다게스탄의 투르크계 종족, 야쿠트, 노가이, 아제르바이잔인, 알타이인, 타타르, 투바인, 튀르키예인, 투르크멘, 위구르, 하자르족, 하카스인, 추바시인, 출림인, 쇼르인, 우즈베크, 칼미크(teleut)인, 키르기스, 카자흐, 카라임족, 카라칼파크, 크림 타타르인 등 총 인구는 대략 2억 5천만 이상으로 추정된다.
오은경 외 20인, 앞의 책.
이 민족들이 튀르키예, 아제르바이잔, 투르크메니스탄, 우즈베키스탄, 카자흐스탄, 키르기스스탄, 외에 다게스탄, 카라칼팍스탄, 타타르스탄, 카바르딘발카르, 하카스, 추바시, 야쿠츠크, 칼미크, 위구르 등 15개 국가 및 자치국에 거주하며 광범위한 투르크계를 형성하고 있다.

선교 대상으로써 언어·문화의 유사성이 있는 알타이계 민족 투르크 집단을 한민족이 선교복음화 할 선교유업으로 선포하였다. 이러한 혜안의 전략을 이어받아 한인선교사들이 이 민족들에게 파송되어 위구르부터 튀르키예에 이르는 근현대까지 복음에서 가장 소외된 거대 투르크 집단을 선교 대상으로 복음화해 왔다. 바울의 골로새서의 스키타이인이 "스키타이 세계"로 역사적 확장되어 그 스키타이 세계를 계승·전파·매개한 민족인 흉·투르크 알타이계 민족을 한인선교사들이 복음화해온 역사는 "스키타이 세계"의 역사적 확장에 대한 하나님의 경륜의 역사적 응답이라 할만하다.

참고문헌

·강인욱, 「스키토-시베리아 문화의 기원과 러시아 투바의 아르잔 1호 고분」, 『중앙아시아학회』 중앙아시아연구 제20권 제1호, p.127-151, 2015.1.

·강인욱, 「유목국가의 형성과 문자의 역할에 대한 고고학적 고찰-흉노를 중심으로-」, 『백산학회』 백산학보 제117호, p.97-122, 2020.1.

·강인욱, 『유라시아 역사 기행』, 민음사, 2015.

·국가유산 지식이음, 「청동기시대편」, 『한국고고학 전문사전』, 2025.

·국립문화재연구소 편집부, 『고고학사전』, 국립문화재연구소, 2001.

·김방한, 『역사비교언어학(대우학술총서)』, 민음사, 1988.

·김방한, 『한국어의 계통』, 민음사, 1990.

·김현진, 『흉노와 훈』, 책과함께, 2024.

·김호동, 『아틀라스 중앙유라시아사』, 사계절, 2021.

·김호동, 「중앙유라시아 역사 기행」,

·김희보, 『세계문학사 작은사전』, 가람기획, 2002.

·딜라차르 저, 최한우 옮김, 『터키언어사』, 한반도국제대학원 대학교 출판부, 2011.

·데.아.아브두신 저, 정석배 역, 『소련고고학개설』, 학연문화사, 1994.

·루드비히 하게만, 『그리스도교 대 이슬람: 실패한 관계의 역사』, 심산, 2005.

·성백인, 「한국어와 만주어의 비교연구 1」, 『언어학』 3, 1978.

·아가페출판사, 『아가페 성경사전』, 2012.

·에.베.뻬레보드치고바 저, 정석배 역, 『스키타이 동물양식』, 학연문화사, 1999.

·오은경 외 20인, 『투르크학 인문 대사전』, 유라시아투르크연구소, 2023.

·우덕찬, 『중앙아시아사 개설』, 부산외국어대학교출판부, 2001.

·이기문, 『국어사개설』, 탑출판사, 1972.

·이기문, 「한국어형성사」, 고려대학교민족문화연구소 편, 『한국문화사대계』 5, 1967.

·이광태, 『인류 최초의 역사가들이 본 중앙아시아 초원국가 '스키타이'와 '흉노': 새로 읽는 중앙아시아사』, 대한민국국회, 2021.

·이광태, 『커넥트, 중앙아시아!』, 한국학술정보, 2022.

·정석배, 「'先흉노-스키타이 世界' 小考」, 『韓國上古史學報』 第32號, p.46, 2000.

·정재훈, 「위구르 유목제국사 744~840 (막북 초원에 고립된 위구르의 발전 모색)」, 『고대유목제국사 3부작』, 사계절, 2024.

·정재훈, 「돌궐 유목제국사 552~745 (아사나 권력의 형성과 발전, 그리고 소멸)」, 『고대유목제국사 3부작』, 사계절, 2016.

·정재훈, 「흉노 유목제국사 209~216」, 『고대유목제국사 3부작』, 사계절, 2023.

·최몽룡, 「동서문화교섭의 이해 - 스키타이·흉노와 한국 고대문화」, 『한국유라시아연구원』 유라시아문화 제8권, p.359-453, 2023.2.

·최몽룡·이헌종·강인욱, 주류성, 『시베리아의 선사고고학』, 2003.

·크리스토퍼 벡위드, 『중앙유라시아 세계사』, 소와당, 2014.
·피터 B. 골든, 『중앙아시아사』, 책과함께, 2022.
·헤로도토스, 『헤로도토스 역사』, 동서문화사, 2023.
·Ramstedt, G.J.. Remarks on the Korean Language, M?moires de la Soci?t? Finno-Ougrienne 58, 1928.
·Ramstedt,G.J. Einfuhrung in die altaische Sprachwissenschaft, Mémoires de la Société Finno-Ougrienne 104, Helsinki, 1952~1957.
·Poppe,N., Introduction to Altaic Linguistics, Wiesbaden, 1965.
·Poppe, N., "Review : G.J. Ramstedt, Studies in Korean Etymology", Harvard Journal of Asiatic Studies, Vol. 3&4, 1950.
·Poppe, N., Vergleichende Grammatik der Altaischen Sprachen, Wiesbaden, 1960
·Clauson, G., The case against the Altaic theory, CAJ, IT, 3, 1956.
·Б.Х.Кармышева. Этническая группа 『тюрк』 в составе узбеков, Советская этнография, 1960, № 1.
·Д.Е.Еремеев. Этногенез турок. М., 『Наука』, 1971.
·Л.В.Ошанин, В.Я.Зезенкова. Вопросы этногенеза народов Средней Азии в свете данных антропологии. Т., 『Фан』, 1953.
·Zadneprovskiy, Y. A., The Nomads of Northern Central Asia After The Invasion of Alexander. In Harmatta, Janos. History of Civilizations of Central Asia: The Development of Sedentary and Nomadic Civilizations, 700 B. C. to A. D. 250. UNESCO, 1 January 1994.
·Ю. А. Заднепровский Древние номады Центральной Азии. (Сборник статей)// СПб: 1997.
·Грене Ф., Новые свидетельства о Нахшабе и Кеше античного периода // Роль города Карши в истории мировой цивилизации. Ташкент-Карши, 2006.
·Яценко И. В., Раевский Д. С., Некоторые состояния скифской проблемы, Дискуссионные проблемы отечественной скифологии, Народы Азии и Африки. 1980.
·Новгородова З. А. Древняя Монголия. М., 1989. (З. А. 노브고라도바 저/정석배역. 1995. 蒙古의 先史時代. 學研文化社.)

차례

Contents

the Expansion of the "Scythian World"

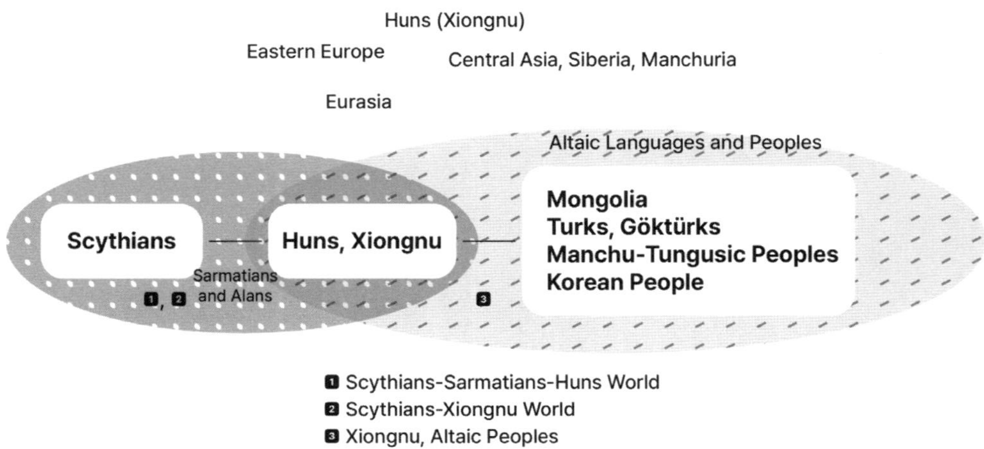

* Schematic Map of the Expansion of the Scythian World

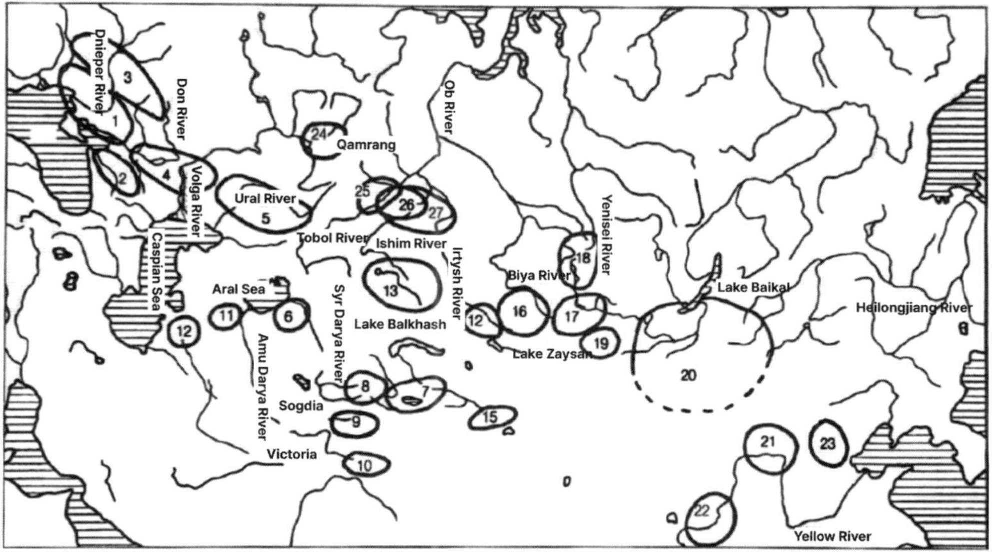

Map 1. Archaeological cultures with elements of the Proto–Xiongnu – Scythian world and its culture

1. Scythian Culture Steppe Group 2. Scythian Culture North Caucasus Group 3. Scythian Culture Forest–Steppe Group 4. Sarmatian Culture Volga–Don Regional Group 5. Sarmatian Culture Samara–Ural Regional Group 6. Saka of the Aral Sea Basin 7. Saka of Semirechye and the Tianshan Mountains 8. Saka of Kete–en–Tübe 9. Saka of Fergana 10. Saka of the Pamirs 11. Saka of the Lower Amu Darya (Khwarezm) 12. Saka of Northwestern Turkmenia 13. Tasmola Culture of Central Kazakhstan 14. Saka of Eastern Kazakhstan 15. Saka of the Xinjiang River 16. Pazyryk Culture of the Altai 17. Uyuk Culture of Tuva 18. Tagar Culture of the Minusinsk Basin 19. Ulaangom Culture (Chandman–Uul Culture) of Western Mongolia 20. Stone Slab Grave Culture 21. Ordos Mokeengou Culture 22. Early Iron Age Culture of Eastern Ningxia and Gansu 23. Bronze to Early Iron Age Culture of Northern Hebei Province 24. Anikino Culture 25. Baitovo Culture 26. Karakhovo Culture 27. Sarsar Culture

Notice

This article was published in the July 2025 issue of Korean Journal of Frontier Missions (KJFM), the sister journal of the International Journal of Frontier Missions (IJFM) founded by Dr. Ralph Winter.

Foreword

While pioneering this ministry and focusing our mission efforts primarily on Central Asia and the Middle East, I recently rediscovered the reference to the "Scythians" in the book of Colossians. A passage I had read countless times before came alive once again—as if illuminated afresh by the Holy Spirit, with inspiration stirring my soul and offering a new perspective.

I clearly remember the day this reflection began, leading to more systematic study: it was Easter Sunday, marking the 140th anniversary of the day missionaries Underwood and Appenzeller came hand in hand to the Korean Peninsula to proclaim the gospel. That morning, I received a request to contribute an article to the sister journal of the one founded by Ralph Winter, which became the catalyst for deeper contemplation.

At the same time, I had been sensing—through my ongoing research—that within academic circles in Central Asia, scholars of Scythian, Central Asian, and Eurasian studies, both young and old, were increasingly and boldly asserting the historical and cultural interconnectedness between the Scythian world and the Huns (Xiongnu).

Although the Scythians as a nomadic equestrian people, along with the societies and states they formed, have long vanished from history, their cultural and territorial legacy—the "Scythian world"—was inherited by the Huns and Xiongnu, who traversed the Central Asian steppes as nomadic horsemen. The descendants of these peoples are today's Altaic nations and ethnic groups.

Among the Altaic peoples was the nation of Joseon (Korea), where Western missionaries came to proclaim the gospel. In the process, they sought to uncover the roots of the Korean people by exploring linguistic similarities with groups such as the

Manchu-Tungus, Turkic-Türkic tribes, and Mongols. At that time, Korea was often misrepresented to the world—described either as a tributary of China or as a provincial extension of Japan—based on fragmented and distorted rumors. These missionaries made sincere efforts to rightly understand and clarify the identity of the Korean people, a sorrowful nation largely unknown or overlooked by the world. These were, in many ways, the only ones who studied and sought to introduce Korea to the global stage. To them, we owe a deep debt—not only for the gospel they brought, but for their efforts to affirm our national identity.

Now, by God's grace, Korean missionaries are going forth to the Altaic peoples and nations of Central Asia, bearing the gospel with the desire to understand them and establish them in the Kingdom of God.

This humble study is a small offering born out of that debt—owed to the missionaries who brought the dawn of resurrection to this land, and to the Lord, from whom I have received the gospel.

It is my earnest hope that this book may serve as a modest catalyst and resource for the next generation of young missionaries who will carry on the legacy of missions. May it inspire them to embrace the diverse realities of Central Asian nations through multidisciplinary inquiry and to interpret those contexts through a biblical lens.

May 21, 2025

On the train from Pohang to Seoul

Missionary David Cho

Thanks to

Thanks for all advanced of faith who was being inspiration of nourish- ment and also I thank you all staff Kyoungeun Yu, Aran Lim who helped proofreading and editing, and staff Hye-og-gi Gwon, Eun Hyeop Gwon, Ye Eun Kim, Haerin Kim who did graceful design, and staff Siwon Park, Eunhea Son who did translation, and about 350 mission staffs who works together in Vision Mission community.

My family a wife and Eunbit, Sihoo and Annyeong are my treasures who never reject the community lifestyle to live with the word of God. Of course the Lord will pick up the torch of His word to light dark age beside us, but that is why I am really appreciate His word is with us.

The Historical Expansion of the Concepts of Scyth and Scythians as Mentioned in Colossians

Missionary David Cho[1]

Thesis Table of Contents

---

1 Chairman of Mission Times World Document Mission Council, Vision Mission President.

Ⅰ. Overview

Colossians 3:11 "Here there is no Greek or Jew, circumcised or uncircumcised, barbarian, Scythian, slave or free, but Christ is all, and is in all."(NIV)

(KJV) "Where there is neither Greek nor Jew, circumcision nor uncircumcision, Barbarian, Scythian, bond nor free: but Christ is all, and in all."

This verse presents a framework for understanding mutual perceptions of the world, dividing humanity according to the Greco-Roman (Greek) cultural context, the Hebrew (Jewish) context, the circumcised (Jews), the uncircumcised (Gentiles), and other ethnic groups. It reflects Paul's worldview and his understanding of how God's salvation encompasses all peoples. Ultimately, it hints at the categories and boundaries through which God's redemptive plan for the world is revealed and fulfilled.

This corresponds closely with the worldview expressed in Paul's other epistles, such as Romans, where similar distinctions regarding the world are made. In the first century, when Colossians was written, Rome held the dominant position in civilization, and ethnic groups such as the barbarian and Scythian—who were perceived with contempt from the Roman perspective—are specifically mentioned. Paul's missionary understanding, expressed here, emphasizes that the Lord will gather and save all people without discrimination, uniting them in Christ. This reflects a more layered and expanded recognition of global categories, building upon the foundational worldview of humanity found in Romans.

The fact that the Scythians—a nomadic, horse-riding people known to have existed since around the 8th century BCE and regarded with disdain by the Romans during Paul's time—are specifically mentioned in Scripture through Paul is particularly significant. These people[2], considered the origin of nomadic equestrian cultures and influential enough to have

2 Scythians ; Akkadian: Ashkenaz (Hebrew), Skythai (Greek). These were Indo-Iranian nomadic peoples. In the 8th century B.C., they began migrating from southern Russia into the Near East on horseback, along with other groups-including the Cimmerians (Gomer), who are mentioned in Genesis 10:3 and 1 Chronicles 1:6 (Ashkenaz) as being related. By the 7th century B.C., they had reached even distant regions such as Egypt. At one time, scholars believed that the invaders from the north, prophesied by Jeremiah and Zephaniah as attacking Jerusalem (Jer. 1:13–15; 4:5–31; 5:15–17; 6:1–5; Zeph. 1:10), were in fact the Scythians. During the reign of Esarhaddon (681–670 B.C.), the Scythians were allies of the Assyrian Empire. However, they later revolted along with the Mannai. After being repelled by Pharaoh Psammetichus I of Egypt, they turned to attack cities along the Palestinian coast, including Ashkelon and Ashdod. Eventually, they were defeated by the Medes and Persians and were driven back to the north. Scythian soldiers played a partial role in 538 B.C. when Persia conquered Babylon (cf. Jer. 51:27, Ashkenaz). In later literature, the Scythians came to be proverbial for their barbarism (cf. 2 Maccabees 4:47; Colossians 3:11).
AGAPE Publish, 『AGAPE Bible Dictionary』, 2012, p911.
The ancient Greeks referred to the steppe region stretching from the Don River to the Prut River, north of the Black Sea, as "Scythia", and they called the Persian-related nomadic peoples who lived there "Scythians" or "Skythians." This is the origin of the term "Scythian" used to describe the people. (Encyclopedia of Turkic Humanities)
Duckchan Woo, 『Introduction to Central Asian History』, Pusan University of Foreign Studies Press, 2001.

given rise to what is known as "Scythian culture,"[3] impacted not only Europe but also the broader Central Asian and Eurasian regions. That such a group is acknowledged in Scripture indicates a mutual awareness between the settled Greco-Roman civilizations and the nomadic cultures represented by Central

---

3 During the first millennium BCE (9th to 3rd centuries BCE), a horseback-riding culture based on a nomadic pastoral economy flourished across the Eurasian steppe region. These cultures shared common features such as large burial mounds (kurgans), animal-style art, and highly developed horse gear. For this reason, archaeologists refer to the widespread nomadic equestrian culture found throughout the Eurasian steppe belt as the "Scythian-style culture" or the "Scytho-Siberian cultural sphere" (Choi Mong-ryong et al., 2003). The main areas of distribution include the Eurasian steppe, stretching from the Black Sea coast and Ukraine in the west, across the Siberian steppes, to the east where it reaches the Manchurian region of northern China. In northern China, the Yuhuangmiao Culture centered around Yanqing County near Beijing, as well as the Upper Xiajiadian Culture and Jinggouzi Culture in southeastern Inner Mongolia, are all considered part of this cultural sphere. These cultures are closely associated with the Bronze Dagger Culture (bipahaeng donggeom) that represents the northeastern region. The Scytho-Siberian cultural sphere has also been referred to as "Scythian-type culture" or "Scythian-influenced culture" in past academic discourse.
Kang In-uk, 「On the Origin of Early Schyto-Siberian Culture and Arzhan-1 Kurgan of Tuva, Southern Siberia」, 『The Korean Assocciation for Central Asian Studies』 Central Asian Studies Vol.20 No.1, p.127-128

Eurasia. This expanded recognition suggests that the redemptive promise of the Bible may also serve as a spiritual marker for the salvation of Central Eurasian peoples—an observation that is both noteworthy and encouraging.

In Colossians, the term that refers to people mentioned before the Scythians—implying a perception equivalent to them—denotes the peoples living on the fringes of the Roman Empire, who were derogatorily labeled as "barbarians." Originally, when Hellenistic Greece rose as a cultural and civilizational center, the term barbarian[4] was used in a contemptuous sense to describe neighboring peoples and nations. The Greeks perceived the foreign languages of these peoples as sounding like "bar-bar," unintelligible and crude, and thus labeled them

---

4 Herodotus defined civilizations outside of Greece as barbaros or its plural form barbaroi, terms that later became the root of the English word "barbarian," thereby characterizing foreign cultures distinct from the Greek world. Scythia, needless to say, was among them. Lee Gwang-Tae, 『'Scythians' and 'Xiongnu' : the Steppe States of Central Asia as Seen by the First Historians of Humanity: A New Reading of Central Asian History』, Natioanl Assembly, 2021.

with this pejorative term. During the height of Hellenic civilization, it was used to refer disdainfully to peoples such as the Egyptians and Phoenicians. However, by the 1st century—the time when Colossians was written and Rome had succeeded Greece as the center of civilization—the term barbarian had evolved in its scope. It came to be applied more broadly to include various ethnic groups on the borders of the Roman Empire, such as the Germanic tribes (Goths, Franks), the Anglo-Saxons, and even the Huns, expanding its derogatory usage to reflect Rome's own civilizational biases.

At the time Colossians was written in the 1st century, the peoples long perceived as Scythians on the European frontier were undergoing a period of disintegration, fusion, and reorganization, as they came under the control of Sarmatian, Alan, and Persian groups centered around Western Scythia.[5]

5 Even after the decline of the Scythians in the western Eurasian steppe region (present-day Ukraine and southern Russia), the Scythian political tradition was largely continued by the Sarmatians

Furthermore, Eastern Scythia (Sarmatian Scythia) began to merge with Altaic peoples, particularly the Huns and Xiongnu. Through their nomadic mobility, they transmitted Scythian civilization and culture across the vast steppes of Central Eurasia. During this process, the so-called "Scythian world" was continually restructured through cycles of dominance, subjugation, and integration among the Scythians, Sarmatians, and Xiongnu—encompassing their political, military, artistic, and cultural spheres.[6]

---

and the Alans—who are considered a subgroup of the Sarmatians—both of whom predominantly spoke Iranian languages.
Hyun Jin Kim, 『The Huns (Peoples of the Ancient World)』, Routledge, 2015.

6 The name of the Sarmatian culture remained in ancient records, and the territory once known as Scythia came to be referred to as Sarmatia instead. The Sarmatian culture flourished most prominently along the northern coast of the Black Sea during the 1st and 2nd centuries AD, at which time their territory stretched as far as the Volga and Danube rivers.
Sarmatian animal-style decorations are known to have been heavily influenced by both the Scytho-Siberian and Near Eastern animal motifs. A representative artifact is a gold ornament plate excavated from the tomb of a Sarmatian warrior at the Zhuravski farm, which revives the Scythian motif of predatory beasts. Characteristics of Near Eastern animal art appear in a gold tree ornament from the Kukhrachi

One of the major linguistic classifications of the nomadic horse-riding peoples of Central Asia is the Altaic language family. This family is generally divided into branches such as Turkic (descendants of the Xiongnu and Göktürks), Mongolic, Tungusic, and the Korean language group. Scholars like Ramstedt(1950) and Poppe(1950) systematized these classifications.[7] Ramstedt emphasized the similarities between Altaic

---

burial in Novocherkassk, where animal figures are carved into the surface. These animal-style motifs also appear in Hunnic artifacts, which is why Sarmatian culture is sometimes referred to as the Hun-Sarmatian culture.
Jae-yoon Kim, Sarmatian culture, 『Encyclopedia of Turkic Humanities』, 2023.

7 Ramstedt, through his comparative study of Turkic and Mongolic languages, proposed the "Altaic language family theory," separating the Altaic languages from the Ural-Altaic classification that had previously grouped them together with the Uralic languages. Later, by comparing Manchu-Tungusic languages with Korean, he included Korean in the Altaic language family—a theory that was further developed by Poppe. Scholars of Altaic linguistics such as Ramstedt, Polivanov, and Miller also added Korean and Japanese to the Altaic family. As a result, the theory that Korean belongs to the Altaic language family has been tentatively accepted in Korea as a working hypothesis.
Poppe, N., "Review : G.J. Ramstedt, Studies in Korean Etymology", Harvard Journal of Asiatic Studies, Vol. 3&4, 1950. pp.568~581.

languages and Korean, while Poppe, though acknowledging Korean as a divergent element within the Altaic family from a comparative linguistic perspective, proposed the possibility of an early, independent split. Building on this, Professor Bang-han Kim(1990) of Seoul National University analyzed the similarities between Korean and Altaic languages—such as Manchu-Tungusic, Turkic, and Mongolic—while also recognizing the distinct characteristics of the Korean Peninsula's language. He attributed this divergence to the possibility that the proto-Korean language was formed by the mixing of Altaic peoples like the Yemaek (who migrated from Central Asia to the Korean Peninsula) and other non-Altaic indigenous groups, possibly of Paleo-Asiatic or so-called Karasuk linguistic substrata.[8]

In their 1980 presentation titled "Issues in Scythian Stud-

---

8 The Genealogy of the Korean Language/Bang-han Kim/Minumsa/1990.04.01.
Historical-Comparative Linguistics(Daewoo Academic Series)/Bang-han Kim/Minumsa/1988.08.20

ies," I.V. Yatsenko(Яценко И. В.)[9] and D.S. Raevsky(Раевский Д. С.)[10] advocated for the term "Scythian World," extending beyond the notion of a shared Scythian culture. E.A. Novgorodova[11] further proposed broadening the scope of the Scythian

---

9 Яценко И. В., Скифия VII-V веков до нашей эры: Археологические памятники степного Приднепровья и Приазовья (Москва: Государственный исторический музей, 1959), 116 с.『Scythia of the 7th–5th Centuries BCE: Archaeological Sites of the Dnieper and Azov Regions』
Яценко И. В., Скифские памятники степного Приднепровья и Приазовья (VII-V вв. до н. э.), Автореферат диссертации на соискание учёной степени кандидата исторических наук (Москва: Институт истории материальной культуры АН СССР, 1955), 12 с.『Scythian Monuments of the Dnieper and Azov Regions (7th–5th Centuries BCE): Summary of Doctoral Dissertation in History』
Yatsenko provides an overview of the distribution and characteristics of Scythian sites in the Dnieper and Azov regions and analyzes these sites archaeologically to shed light on the features and developmental process of Scythian culture. In particular, he offers insights into the formation of the Scythian tribal confederation and their social structure.

10 Раевский Д. С., Очерки идеологии скифо-сакских племён (Москва: Наука, 1977), 232 с.『An Overview of the Ideology of the Scythian–Saka Tribes』
Raevsky analyzed the mythological traditions and the social consciousness structure of the Scythians, exploring the spiritual foundations of Scythian culture.

11 Новгородова Э. А., Древняя Монголия: Некоторые проблемы хронологии и этнокультурной истории (Москва:

World by identifying the presence of the three core elements of Scythian culture—distinctive weaponry, horse gear, and the animal-style art motif—in regions such as Western Mongolia and Central Asia.[12]

Наука, 1989), 384 с.『Ancient Mongolia: Some Issues in Chronology and Ethno-Cultural History』
Новгородова Э. А., Мир петроглифов Монголии (Москва: Наука, 1984), 168 с.『The World of Petroglyphs in Mongolia』
Novgorodova conducted a comprehensive study of the ancient nomadic culture of the Mongolian region, analyzing the cultural development and ethnogenesis from the prehistoric era to the Iron Age based on archaeological data. She particularly highlighted the cultural differences and interactions between eastern and western Mongolia. Additionally, she explored the petroglyphic art across Mongolia from prehistory to the medieval period, interpreting the artistic styles and worldviews of the Scytho-Siberian cultural sphere through depictions of animals and symbolic iconography.

12 In modern Scythian studies, the term "Scythian World" has become an established academic term that collectively refers to all archaeological cultures bearing Scythian elements from the so-called Scythian period (8th/7th to 3rd century BCE), stretching from the northern Black Sea in the west to northern China in the east. In 1980, during the thematic discussion titled "Issues in Scythian Studies", I. V. Yatsenko and D. S. Raevsky first proposed the term "Scythian World," defining its geographical scope as extending from the northern Black Sea in the west to the Minusinsk Basin and Tuva in the east.
Seok-bae Jeong, "A Brief Study on the 'Proto-Xiongnu-Scythian World,'" Journal of Korean Ancient History, No. 32, p.46, 2000.
Яценко И. В., Раевский Д. С., Некоторые состояния скифской

More recently, studies have increasingly demonstrated that the Scythians shared and recombined cultural traits with Altaic peoples of Central Asia, including the Huns, Xiongnu, and Turks. In Korea, scholars such as Choi Mong-ryong, Kang In-uk, and Jung Seok-bae have actively advanced this line of research. Kim Hyun-jin (2024), among others, has shown—through archaeological evidence—that the Scythians and Xiongnu formed a reconstructed cultural entity that shared political and military systems, culture, proto-writing systems, metalwork, and spiritual world-views across the Central Asian steppes.[13]

проблемы, Дискуссионные проблемы отечественной скифологии, Народы Азии и Африки. 1980. No. 5. c. 104. Новгородова З. А. Древняя Монголия. М., 1989. (Written by З. А. Novgorodova/Translated by Seok-bae Jeong. 1995. Prehistoric Times of Mongolia, Gakken Bunka Publishing.)

13 Hyun-Jin Kim strongly argues that, based on diverse archaeological and cultural evidence, the political, social, cultural, and artistic styles of the Scythians, Sarmatians, Saka, and Huns became so deeply intertwined through mutual influence that they are nearly indistinguishable.
During the Sarmatian-Alan period that followed the Scythian age-particularly in the 3rd century CE-motifs and artistic styles from the

Although the Scythian ethnic groups largely vanished, the Altaic groups—such as the Göktürks and other Turkic peoples, descendants of the Xiongnu—interacted extensively with Scythian culture. As they left a lasting impact across Eastern Europe, Eurasia, and the Central Asian steppes, it is reasonable

---

eastern steppe began to exert a significant influence on the art of the western Eurasian steppe. One of the clearest examples of this is the so-called "Sarmatian-style" golden diadem design. These diadems were already being produced in the eastern steppe much earlier.
An early Saka-Hunnic-style diadem was discovered near Lake Balkhash in eastern Kazakhstan, at Kanatas. Its style is identical or very similar to that of later "Sarmatian-style" diadems. Notably, this region lies very close to the homeland of the European Huns, and similar artifacts have been excavated in Hungary, matching or closely resembling the diadems found in Sarmatian areas or earlier specimens from Kazakhstan.
Influence across the steppe was largely reciprocal. By the 4th and 5th centuries CE, it had become almost impossible to archaeologically distinguish between Hunnic and Sarmatian cultures, especially in the West. This was due to the long-standing contact between the two groups, which resulted in highly similar material cultures. In fact, the blending of Sarmatian and Hunnic cultural elements can already be seen in the Altai region-the homeland of the European Huns-as early as the last century BCE, nearly five centuries before the Huns entered Europe. Hunnic culture and art, in short, were already hybridized, bearing a strong Iranian (Sarmatian-Alanic) character-and the reverse was equally true.
Hyun-Jin Kim, The book in front.

to regard the "Scythian-Sarmatian-Hun (Xiongnu) World" as a major cultural continuum of nomadic equestrian peoples across the steppe regions.[14]

Therefore, the Scythian peoples and culture, which emerged through the convergence of groups such as the Huns, Xiongnu, Persians, and Mongols, can be seen as a historically redefined and expanded concept. Rather than referring solely to the disintegrated and reconstituted ancient Scythians of Paul's time, the term "Scythian" has come to represent a broader cultural framework. It encompasses various Central Eurasian peoples and polities—including the Scythians, Alans, Sarmatians, Persians, Huns, Xiongnu-Turks, and Mongols—who shared in and contributed to a reconfigured and interconnected Scythian cultural tradition.

---

14 There has long been an argument that the Scythians and Saka–who spoke Iranian languages and flourished in the western steppe from the 8th to the 4th century BCE–exerted cultural influence on the Xiongnu. In fact, there is evidence suggesting similarities and affinities between the political systems of the two groups.
Hyun-Jin Kim, The book in front.

II. The Conceptual Categories of "Barbarian" and "Scythian" in Biblical and Historical Reinterpretation and Expansion

Colossians 3:11 presents a series of contrasting categories—Greek and Jew, circumcised and uncircumcised, barbarian and Scythian, slave and free—structured in rhetorical parallelism. The pairing of "barbarian" and "Scythian" reflects a conceptual relationship, especially considering that the term "Scythian" refers to a specific ethnic group, the Scythians. In this context, translating the Greek term often rendered as "barbarian" into "Barbarian" (as in some formal translations like the King James Version) offers a more natural structural and semantic balance within the sentence. It aligns with the historical understanding of Scythians as a subset or extreme representation within the broader category of "barbarians."

(1) On the Biblical and Historical Reconstruction, Transformation and Expansion of the Perception of the Barbarian Peoples

At the time the Epistle to the Colossians was written, around the 1st century A.D., the perception of the so-called "barbarian" peoples reflected the Roman Empire's dominant position as the center of civilization around the Mediterranean. Within the mutual perception framework of the Roman Empire, the term "barbarian" was used disparagingly to refer to marginalized peoples on the empire's frontiers, including the Goth-Germanic tribes, the Franks, the Anglo-Saxons, and even the Huns beyond those borders. The term "barbarian" was not originally coined during the Roman era but was a concept developed in Hellenic Greek civilization. By the Roman period, this concept had been transformed and expanded in its meaning and usage.

The Greeks, having earlier assumed civilizational leadership, coined the term "barbarian" (barbaros) to describe foreign peoples. They belittled the cultures, customs, and languages of neighboring ethnic groups. Unable or unwilling to understand these foreign tongues, the Greeks mimicked them with sounds like "bar-bar-bar," from which the mocking term "barbarian" was derived. As Greek cultural dominance grew, they labeled neighboring groups such as Phoenicians and Egyptians as barbarians in a derogatory sense.[15]

In Roman times, however, the term "barbarian" expanded beyond its original Greek application to include ethnically and culturally different groups, such as the Goths, Germans, Franks, Anglo-Saxons, and Huns—peoples with little in common with the Phoenicians or Egyptians. In the Roman cultural consciousness, the word evolved into a generalized label for

---

15 The word "barbarian" originates from the ancient Greek term barbaroi (Β ά ρ β α ρ ο ι), which the Greeks used to refer to peoples who spoke different languages from themselves. This word carries connotations such as "violence," "cowardice," and "uncivilized." In world history, the term barbarian is used to describe ancient European peoples other than the Greeks and Romans, including numerous tribes such as the Celts, Germans, and Huns.
Richard Rudgley , Translated by Hye-Ryung Woo, 『Barbarians』, Arktos Media Ltd., 2021.

any uncivilized, non-Roman group, especially those from the northern and eastern frontiers of the empire. Over time, "barbarian" became synonymous with savagery and inferiority, firmly established as a derogatory common noun.[16]

Yet, this concept—so deeply rooted in Greco-Roman superiority—undergoes a radical transformation when it enters the New Testament through Paul's writings. In the Epistle to the Colossians, Paul includes the "barbarian" in a revolutionary theological declaration: in Jesus Christ, all social, ethnic, and cultural distinctions are overcome. The barbarian, once a symbol of inferiority and exclusion, is now redefined as equally eligible to receive grace, freedom, and salvation through Christ.[17]

---

16 The descriptions of Central Eurasian societies by Herodotus and Sima Qian effectively shaped the perspectives of Greeks/Europeans and Chinese regarding "foreigners." This later laid the groundwork for the tendency to view Herodotus and Sima Qian as precursors to so-called "Orientalism" or "Sinocentrism," which disparage the steppe states of Central Eurasia.
Lee Gwang-Tae, The book in front.

17 Rome 3:22, 3:24

Thus, Paul's understanding of the term—though born from Greek and Roman ethnocentrism and expanded to include groups like the Goths, Franks, Anglo-Saxons, and Huns—becomes a testament to the universality of the gospel. In Christian theology, these once-despised groups are no longer objects of cultural prejudice but are embraced as recipients of God's love and equality in Christ. Historically, it is indeed a well-known fact that these very peoples—later forming the Germanic, French (Frankish), and Anglo-Saxon (English) nations—came to embrace Christianity and would eventually become key carriers of Christian ideals such as brotherhood, equality, and liberty.

(2) On the Biblical and Historical Reconstruction, Transformation and Expansion of the Perception of the Scythian People

In the Epistle to the Colossians, the Scythians are referenced, a group known to the Western world largely through the writings of Herodotus.[18] In Persian, the term is commonly interpreted as referring to archers, though its origins are also traced to nomadic tribes known for their wandering lifestyle.[19] As their influence spread throughout Central Asia, scholars began to distinguish between the Western Scythians—centered around the Black Sea—and those who interacted with or influ-

---

18 Born into a very wealthy family in Halicarnassus, Western Asia, he received a high level of education and was especially well-versed in literature. After being exiled from his hometown due to political conflicts, he began traveling the world around the age of 30. During this period, he wrote Histories (estimated between 431 and 425 B.C.), which focused on the Persian Wars. He wrote history based on investigations grounded in the highest possible standards of scientific sincerity, conscience, and fairness for his time. His influence on later historiography was immense, and since Cicero's era, he has been known as the "Father of History."
Hee Bo Kim, 『Encyclopedia of the World's Literature』, Garam Publishing, 2002.

19 In the 〈Standard Korean Language Dictionary〉, the term is written as "스키타이", following the ancient Greek Skythai. However, the Greek Skythai derives from the Scythian root skuda- or skuoa-, which means "archer," combined with the Greek plural suffix -ai. For this reason, the Korean translation uses the form "Scyth", which is closer to the original root, rather than the conventional "Scythai." "Saka" is a general term used by the ancient Persians to refer to the nomadic peoples of northern Eurasia. It is believed to mean either "wanderers" or, like Scyth, "archers."
Hyun-Jin Kim, The book in front.

enced Central Asia, referring to the latter as the Saka or Eastern Scythians.[20]

The Scythians, noted for their martial nature, extended their reach as far south as southern Persia. Their expansion left a lasting mark on the region from Iran to modern-day Pakistan, particularly in an area known as Sistan (also called Seistan). The name is derived from "Sakastan," meaning "land of the Saka," as it was conquered by the Scythians in the 2nd century BCE. The Saka who had advanced into Central Asia were eventually driven westward under pressure from the Xiongnu. In turn, they were displaced by the Persian-affiliated Yuezhi and migrated

---

20 Herodotus (c. 484?–425 BCE) wrote, "The Amyrgian Scythians were called Saka. In fact, the Persians referred to all Scythians as Saka."
Diodorus Siculus (c. 90?–21 BCE) stated, "On one side, as far as the Eastern Sea, and on the other, as far as the Caspian Sea and Lake Maeotis, they extended the might of the Scythians far and wide. Their tribes were widely dispersed and possessed noble kings. Depending on the names of their kings, the Scythians were called by various names such as Saka, Massagetae, and Arimaspi."
Herodotus. 〈The Histories〉. VII. 64 .
Diodorus. 〈Библиотека〉 11, 43.

into South Asia, where their cultural legacy continued to influence the Indian subcontinent.[21]

The term Scythian has evolved into a broad historical concept within the fields of Central Eurasian and Central Asian studies. It encompasses not only the Scythians encountered by the Western world along the Black Sea coast, but also the Sarmatian-Saka peoples who expanded into the Caucasus, as well as the Hunnic-Scythians who later brought about the downfall of the Sarmatian-Scythian groups. Over time, "Scythian" has become a comprehensive and inclusive term reflecting these diverse historical layers.

---

21 Due to the westward expansion of the Yuezhi, the Saka were pushed into Parthia and Sistan (which was named Sakastana, meaning "land of the Saka," after their settlement in eastern Iran; the name later evolved phonetically into "Sistan"), and even as far as present-day Pakistan and India. The Yuezhi's westward movement toward the Saka was driven by the activities of the Xiongnu-Huns in the east. The Xiongnu's vassal, the Wusun, dealt a devastating defeat to the Yuezhi, and as a result of their weakened state, the Yuezhi were forced to relocate to Bactria, a region where the Saka had previously settled.
Hyun-Jin Kim, The book in front.

The Sarmatian-Scythians, who ruled over the earlier Scythians, left their footprints across the Caucasus and Altai regions. These groups were eventually dominated and assimilated by the Xiongnu, an equestrian nomadic people of Altaic origin. The Xiongnu had extensive contact and interaction with the Scythians[22], and are considered key ancestral figures among Altaic peoples. Their legacy eventually branched into the Hunnic-Turkic, Mongolic, and Tungusic groups, as well as the early Koreanic peoples of the Korean Peninsula. Through this mutual interaction with the Xiongnu, Scythian cultural elements spread across Central Asia, Manchuria, Siberia, and into the Korean Peninsula.

(2)-1 Scythians and Saka as Perceived by Herodotus and Paul

22 There has long been a claim that the Scythians/Saka, who spoke an Iranian language and flourished in the western steppes from the 8th to 4th centuries BCE, exerted cultural influence on the Xiongnu. In fact, evidence exists showing similarities and affinities between the political systems of the two groups.
Hyun-Jin Kim, The book in front.

Around the 5th century BC, Herodotus, in his work Histories[23], referred to the people known in Greek as "Scythians" and in Persian inscriptions as "Saka." His references were not limited to the narrow concept of the royal Scythians located in the northern Black Sea region. More broadly, the term encompassed the nomadic equestrian peoples ranging from Europe to Central Asia—stretching as far as the left bank of the Syr Darya River in present-day Kazakhstan and Uzbekistan. Thus, Herodotus' perception of the Scythians reflects a wide-ranging ethnographic categorization, including those who had cultural and political influence over Western Europe and the Near East, not just those in close proximity to Greece. While Herodotus primarily discusses Scythians and Saka who interacted with the Greek world and the Persian Empire, his usage of the term also implicitly includes the broader nomadic and warlike peoples of the steppe—those who roamed across the North Caucasus

---

23 The Histories, written by Herodotus, who is commonly referred to as the "Father of History," consists of nine volumes. The work primarily focuses on the wars between Greece and Persia and records events up to 479 BCE.
Hee Bo Kim, The book in front.

and Central Asia. These were not defined by modern notions of national borders or fixed settlements but by their mobility and pastoralist way of life. Unlike modern state-based societies, Scythian communities were more accurately described as family- or tribe-based groups that moved constantly in search of grazing lands, which were essential to their economy rooted in animal husbandry. Agriculture played a limited role in their economy and was likely restricted to certain Scythian groups in the Black Sea region. The nature of their existence required seasonal and regional migration, which led to a high degree of residential mobility across the vast steppe.[24] After their decline following the 2nd century BC, the Scythians in the Black Sea region lost their political dominance to the Sarmatians, who came to control areas from Eastern Europe to the Caucasus. This shift marked a transformation in leadership within what could be described as a Sarmatian-Scythian continuum. In this

---

24 Herodotus describes and distinguishes between the "farming Scythians" and the "nomadic Scythians" based on the regions they inhabit and their cultural practices.
Herodotus, 『The Histories』, Penguin Classics, 2003.

light, Herodotus' broader definition of the Scythians—as well as the Persian identification of the Saka—can be seen as possessing remarkable historical insight, recognizing the fluidity and expansive nature of nomadic groups who significantly influenced the ancient world.

"I do not consider the Scythians admirable in every respect, but in one of the most important matters of human life, they surpass all other peoples known to us. That most significant matter is this: no one who pursues them can escape them, and no one can catch them if they do not wish to be caught. [...] They are expert horsemen and archers, living not by farming but by herding livestock—how could such a people not be invincible and difficult to subdue?"

Herodotus, The Histories, Book 6, p.46

Furthermore, in the course of writing The Histories, Herodotus made statements such as the one above, strongly portraying the Scythians not as settled agriculturalists but as nomadic horse-riding people who ruled over some agrarian populations.

According to Herodotus' historical perspective, the Scythians were known throughout Europe and the Near East for their warlike nature and reputation as an invincible people—not because they built and defended fortified settlements like agricultural societies, but because they often dominated or raided such sedentary peoples through their superior mobility and martial prowess. This characteristic of the Scythians persisted in later nomadic groups who either ruled over, intermingled with, or served as allies to settled agricultural societies. Their legacy was carried on by peoples such as the Sarmatians-Alans and later the Huns-Xiongnu. These groups shared the essential traits of nomadic equestrian culture—not confined to a fixed region or a sedentary way of life, but constantly migrating in search of pasturelands across the vast steppe. As a result, the Scythian legacy extended far beyond their original territory, influencing regions across the Eurasian continent, including Central Asia, Manchuria, Siberia, and Eastern Europe—regions that felt the far-reaching impact of steppe nomadic civilizations.

Meanwhile, by the 1st century AD, when Paul wrote the

Epistle to the Colossians and mentioned the Scythians, the original Scythian powers near the Black Sea had already undergone decline and collapse. Their dominance had been overtaken by the Sarmatians, a Persian-related group, leading to the emergence of a Sarmatian-Scythian fusion that was then rising to historical prominence.[25] By Paul's time, the once-royal Scythians of the Black Sea had been subdued and assimilated by the Sarmatians and the Alans, forming a new ethnocultural entity. It was in this historical context that Paul referred to the Scythians as part of a divine promise that all peoples, without distinction, would be united in Christ.

Just as the classical Greek and Roman concept of "barbarians" evolved over time to include Germanic tribes and the Huns, so too did the identity of the Scythians change. By the

25 The lower chronological boundary of the Proto-Xiongnu-Scythian world is dated to the 3rd century BCE, due to historical events that occurred around the same time in both the west and the east. In the west, the Scythians were pushed back to the Crimean Peninsula by the Sarmatians, while in the east, the Xiongnu rose to power and conquered surrounding nomadic groups.
Seok-bae Jeong, The book in front.

time of Paul's writing, "Scythia" did not refer solely to the narrow Black Sea Scythians recognized by Herodotus. Instead, it had come to represent a Sarmatian-Scythian fusion and reconstruction centered around the Sarmatians. Later, this Sarmatian-Scythian entity was destroyed by the Xiongnu (Huns) who migrated westward, resulting in a shift of dominance to the Hunnic-Scythian powers.

Thus, the cultural and geopolitical legacy of the Scythians was carried on by the Xiongnu, whose nomadic power extended across the steppe from Central Eurasia to Eastern Europe. The successors of the Xiongnu—such as the Göktürks (Turks), Mongols, and Tungusic peoples—continued the traditions of steppe nomadism. These groups, dwelling in the vast Eurasian steppes, maintained and absorbed elements of Scythian culture, contributing to a long-lasting legacy. This Scythian-

Xiongnu, or Xiongnu-Scythian, imprint stretched widely from Eastern Europe to the Altai, Manchuria, and even the Korean Peninsula.[26]

---

26 The Scythian world and the archaeological cultures that possess its cultural elements are as follows.

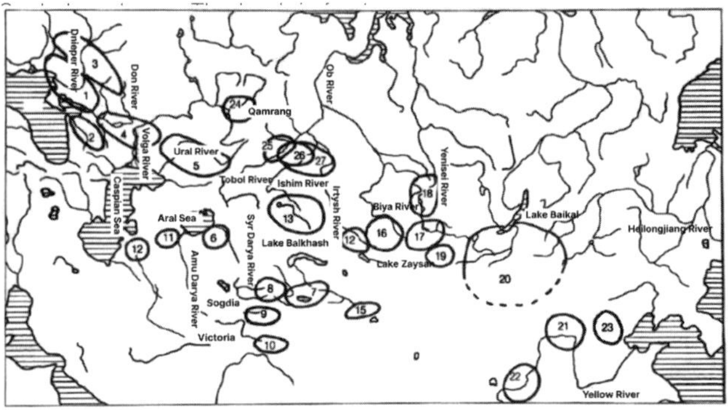

Map 1. Archaeological cultures with elements of the Proto-Xiongnu – Scythian world and its culture

1. Scythian Culture Steppe Group 2. Scythian Culture North Caucasus Group 3. Scythian Culture Forest-Steppe Group 4. Sarmatian Culture Volga-Don Regional Group 5. Sarmatian Culture Samara-Ural Regional Group 6. Saka of the Aral Sea Basin 7. Saka of Semirechye and the Tianshan Mountains 8. Saka of Kete-en-T□be 9. Saka of Fergana 10. Saka of the Pamirs 11. Saka of the Lower Amu Darya (Khwarezm) 12. Saka of Northwestern Turkmenia 13. Tasmola Culture of Central Kazakhstan 14. Saka of Eastern Kazakhstan 15. Saka of the Xinjiang River 16. Pazyryk Culture of the Altai 17. Uyuk Culture of Tuva 18. Tagar Culture of the Minusinsk Basin 19. Ulaangom Culture (Chandman-Uul Culture) of Western Mongolia 20. Stone Slab Grave Culture 21. Ordos Mokeengou Culture 22. Early Iron Age Culture of Eastern Ningxia and Gansu 23. Bronze to Early Iron Age Culture of Northern Hebei Province 24. Anikino Culture 25. Baitovo Culture 26. Karakhovo Culture 27. Sarsar Culture

(2)-2 The Alan-Sarmatian Scythian Descendants, the Ossetians, and the Kangar Union: A Fusion of Hunnic-Turkic and Saka Lineages

The Alans and Sarmatians, who rose to become the ruling class within the Scythian world, were eventually overcome by the westward-expanding Huns, or Xiongnu. However, rather than a complete annihilation, what occurred was a transformation typical of nomadic steppe societies: the ruling elite was replaced. The Huns rose to dominance, while groups such as the Sarmatians, Goths, Uralic, and Finno-Ugric peoples became part of the subjugated or assimilated population. This resulted in a mixed population dispersed across Central Asia, the Caucasus, and Eastern Europe—a new composite structure that could be described as a Sarmatian-Hunnic synthesis, continuing the legacy of Scythian civilization under new leadership.[27]

27 Therefore, following the Scythian era, the Xiongnu and Sarmatian periods emerged across the Eurasian continent.
Seok-bae Jeong, The book in front.

The Altaic peoples, as successors to the Xiongnu, advanced westward into Central Asia—often as factions defeated either by southern agrarian civilizations such as China or through internal competition among nomadic equestrian societies. This westward movement eventually resulted in the formation of over 35 distinct Turkic ethnic groups, with autonomous regions established across more than 15 modern nations. As the Hunnic and Altaic peoples expanded westward into Central Asia, the Caucasus, and Eastern Europe, they tended not to exterminate or colonize the entire local population. Rather, they followed a pattern of replacing the ruling elite while merging with indigenous or previously arrived tribes and nations. These interactions fostered the creation of fused societies across the steppe, which were neither strictly conquerors nor conquered, but rather hybrid entities shaped by both nomadic and settled traditions.

Thus, it is reasonable to conclude that the Alans and Sarmatians—successors of the Scythians—ultimately ceded political dominance to the Huns, the Xiongnu, and other Altaic nomadic peoples. However, this transfer of power occurred through a process of fusion, wherein the cultural and structural traits of the Scythian-Sarmatian legacy were inherited by a newly dominant Sarmatian-Hunnic composite group. Furthermore, it has become increasingly common among scholars studying Turkic lineages to conceptualize cultural continuities such as the "Scythian-Sarmatian" and "Sarmatian-Hunnic-Xiongnu" belts as interconnected cultural zones.

One notable remnant of the Alano-Sarmatian people after their displacement by the advancing Huns into Eastern Europe is the Ossetians. Residing primarily in the North Caucasus—a historical crossroads and melting pot—they managed to preserve their Sarmatian-Alanic identity despite constant pressures from successive waves of Hunnic and Altaic nomads. Over time, the Ossetians were exposed to invasions and dominations by other Altaic peoples such as the Mongols and the Ottoman Turks, frequently encountering and adapting to the descendants of the Xiongnu.

From the perspective of Chinese historians like Sima Qian, there was also a people referred to as the "Kangju"(Kangar).[28] Although Kazakhstan and Uzbekistan are today Turkic-speaking regions, the Kangar people—who once inhabited parts of southern Kazakhstan—are considered by some scholars to be part of Turkic history. At the same time, Kangju are often

---

28 Kangju was located in the region south of Shash (Шаш) and in the lower reaches of the Talas (Талас) and Chu (Чу) rivers, which flow into the lower Syr Darya (Сырдарья). Excavations at the representative site of Kultobe (Культобе) revealed that the culture was formed based on an existing group of Saka tribes in the Syr Darya region from as early as the 3rd century BCE. At the Kultobe settlement, which dates to the 3rd century BCE, coins bearing the symbol of Sogdiana (an ancient name referring to the region between the Amu Darya and Syr Darya rivers in Central Asia, meaning "cities inhabited by Sogdians") and clay tablets inscribed with Sogdian inscriptions were discovered.
Zadneprovskiy, Y. A., The Nomads of Northern Central Asia After The Invasion of Alexander. In Harmatta, János. History of Civilizations of Central Asia: The Development of Sedentary and Nomadic Civilizations, 700 B. C. to A. D. 250. UNESCO, 1 January 1994.
Ю. А. Заднепровский Древние номады Центральной Азии. (Сборник статей)// СПб: 1997. 114 с.
Грене Ф., Новые свидетельства о Нахшабе и Кеше античного периода // Роль города Карши в истории мировой цивилизации. Ташкент-Карши, 2006.
Jae-yoon Kim, 『Encyclopedia of Turkic Humanities』, The Institute for Eurasian Turkic Studies, 2023.

thought to have had Persian connections and are believed to have originated from Saka tribal groups, eventually adopting the Sogdian[29] language. The Kangars, therefore, represent a historically significant example of a mixed nomadic identity—Scythian in origin, yet later integrated into the Turkic and Xiongnu spheres. They stand as evidence of the complex hybridization between Scythian and Hunnic elements among Eurasian nomadic horse cultures.

(2)-3 Proposal of the Concept of the Scytho-Sarmatian-Hunnic World, Following the Scytho-Sarmatian and Sarmatian-Hunnic Cultures

Since the 1980s, scholars in the fields of Eurasian and Central Asian studies have proposed and reached consensus

---

29 Sogdia is identified with the regions of Samarkand and Bukhara, located along the Zeravshan River. To the south of Sogdia, in the valleys of the Vakhsh and Surkhandarya rivers, lay Bactria. (Степмая полоса. 1992)

on defining a broad cultural sphere as the "Scythian world." This sphere spans a vast territory from the northern shores of the Black Sea to the Tuva region. The proposal was based on extensive archaeological evidence, identifying three common elements of Scythian culture—particularly the shared characteristics of kurgan burial mound traditions—across this wide area. In the 1980 conference presentation "Issues in Scythology," I.V. Yatsenko and D.S. Rayevsky introduced the term "Scythian world," arguing that the cultural commonalities went beyond what could be described as mere Scythian culture. E.A. Novgorodova further expanded on this idea, suggesting that the range of the Scythian world should include Western Mongolia and Central Asia, given the shared presence of the three core Scythian cultural elements: distinctive weaponry, horse gear, and animal-style ornamentation. While Scythology experts have differed on topics such as the origins of the Scythian culture, its political structures, and religious beliefs, there has been virtually no disagreement over the usage of the term "Scythian world." This consensus reflects the widespread and well-documented presence of Scythian elements across Eastern Europe,

Eurasia, and Central Asia—substantiated by a substantial accumulation of archaeologically verified evidence, enough to be considered universally accepted within the field.[30]

In fact, among the regions referred to as the "Scythian world," the original inhabitants who established this world—such as the Scythians and Sakas—left behind little trace of their racial identity or nomadic equestrian culture, as they were largely assimilated into Hellenic and Persian civilizations early on. Furthermore, the Scytho-Sarmatians, regarded as successors to the Scythians, were eventually conquered and absorbed by the Huns and Xiongnu, leaving behind only faint remnants, such as the Ossetians. Then why is it that Scythian elements are characteristically found among the Altaic-related peoples—such as the Turks, Mongols, Manchurian Tungusic groups, and even the Korean people on the Korean Peninsula—who trace

---

30 Therefore, what is referred to in current Scythian studies as the "Scythian world" can be understood as a collective term for all archaeological cultures possessing Scythian elements, stretching from the northern shores of the Black Sea to northern China.
Seok-bae Jeong, The book in front.

their lineage to the Huns (Xiongnu), known in Chinese as "Hu" (胡)[31], and whose presence spans from the Huns of Eastern Europe to modern Eurasia and Central Asia? What explains the significant traces of Scythian influence, to the extent that these regions and peoples are considered part of the so-called "Scythian world"?

Although the ancient Scythians and Sakas were generally characterized as nomadic equestrian peoples, the rise of Hellenic and Persian civilizations, which came to dominate the settled world, led to a shift in cultural dominance. As a result, Scythians, Sakas, and later groups such as the Alans and Sarmatians—once in contact with or absorbed by these civilizations—gradually abandoned their nomadic lifestyles and were assimilated into sedentary cultures, leaving little trace of their original identity. Consider the three core elements of Scythian

---

31 Sima Qian also made a clear distinction between the Chinese and foreign peoples, notably referring to the Xiongnu as "Hu" (胡) to emphasize their differences.
Lee Gwang-Tae, The book in front.

culture: weaponry, horse tack, and animal-style ornamentation. These features were inherently tied to a way of life that depended on mobility—raiding agrarian settlements with weapons, riding horses in search of pastures, and venerating animals or totems—an entire cultural system that could only be preserved through the continued practice of nomadic equestrianism. Without this lifestyle, such cultural elements could not survive.

Although the Scythians and Sakas were assimilated into Hellenic and Persian civilizations through contact and cultural absorption, elements of their nomadic lifestyle were preserved and passed down through groups such as the Sarmatians and Alans. These groups continued aspects of nomadic life, thereby retaining and transmitting Scythian-style traditions. Likewise, their successors—Altaic peoples including the Huns and Xiongnu—maintained a nomadic equestrian way of life and thus naturally encountered, adapted, and inherited Scythian cultural elements such as horse tack, weaponry, and decorative styles. In contrast, sedentary agrarian peoples would have had little practical need for such items. For them, tools aiding farming—like ox nose-rings—would have taken precedence over weapons or elaborate horse gear. Similarly, due to the nomadic nature of equestrian societies, which involved constant movement in search of pastures, it would have been impractical to erect large religious statues or temples in one fixed location. Instead, portable symbols such as animal-shaped totems naturally became the focal point of their religious and spiritual expression.

Furthermore, Even If the Descendants of the Scythians and Saka—Who Had Been Absorbed into the Settled Civilizations of Persia and the Hellenes—Had Maintained Their Cultural Identity, the Nature of Sedentary Civilization Would Have Inevitably Eroded Their Nomadic Horse-Riding Heritage Once a people adopts the settled lifestyle of a civilization and becomes fixed to one locality, they inherently lose or diminish the mobile, equestrian character that defined nomadic steppe cultures. The cultural traits of nomadic horsemen—rooted in their mobility, especially across vast continental landscapes—are intrinsically incompatible with the sedentary structure of agrarian civilizations. In such conditions, the Scythian cultural elements would not have been widely transmitted or preserved. The horse, as a medium of rapid movement and cultural transmission, played a key role in spreading Scythian-style elements; thus, such diffusion was only possible through peoples who retained their equestrian mobility. This is why the Hunnic and Altaic nomadic peoples—who sustained their nomadic horse-riding lifestyles well into the medieval and even modern periods—were able to absorb and propagate the Scythian cultural tradition. Their inherent transcontinental mobility allowed the Scythian cultural elements to spread across Eurasia, Central Asia, and Siberia in ways that sedentary populations, bound to localized regions, could not achieve. The diffusion of the Scythian world was made possible not through the Scythian descendants who settled, but through the Huns and Altaic nomads who inherited and adapted that world.

The so-called "three Scythian elements"—weaponry, horse tack, and animal-style ornamentation, along with burial practices such as the kurgan—appear almost simultaneously across the vast Eurasian steppe, extending as far as the Ordos region of China. Remarkably, kurgan-style tombs have even been discovered in the ancient Silla kingdom of Korea. As a result, some scholars now suggest that the Scythian world, previously thought (following Herodotus) to have originated along the northern coast of the Black Sea and spread eastward, may have actually originated in the central Siberian region, or perhaps developed independently and concurrently in both the East and the West. This hypothesis arises from the difficulty of explaining the near-simultaneous emergence of Scythian cultural features across such a vast territory—spanning Eastern Europe, Siberia, Central Asia, the broader Eurasian steppe, and northwestern China—through simple diffusion from a single western origin.[32]

---

32 Among Scythian artifacts, the so-called "three characteristic elements of Scythian culture" are particularly representative: bronze weapons, horse harnesses, and animal-style ornaments. Their burial structures typically consist of pit graves (dug into the ground), within which wooden chambers were built from logs, often containing an inner coffin, all covered with a mound of earth and stones, known as a stone-and-earth barrow (kurgan). These three elements are not only central to Scythian culture but also appear almost simultaneously across the vast Eurasian steppe region, extending as far east as the Ordos region of China. Until the mid-20th century, it was generally believed that Scythian Bronze Age

The term kurgan, referring to the burial mound style characteristic of Scythian culture, does not originate from the languages of the Scythians, Saka, or Sarmatians, which were of Iranian or Persian lineage. Instead, it is a word from the ancient Turkic language, a linguistic legacy of the Xiongnu's successors.[33] This strongly suggests that, following the fall of the Sarmatians to the Huns (Xiongnu), it was the Altaic Turkic peoples—nomadic horse-riders like their Scythian predecessors—who inherited the Scythian burial tradition. The distinctive burial practice of constructing wooden chambers in earth pits and covering

---

culture had spread from west to east. However, more recent theories propose that it either originated independently in Siberia or emerged simultaneously in both the eastern and western regions.
National Research Institute of Cultural Heritage, 「The Bronze Age」, 『Dictionary of Korean Archaeology』, 2025.
Avdusin D. A., Translated by Seok-bae Jeong, 『Arkheologiia SSSR. uch-k dlia ist fak』, Vysshaia shkola, 1967.
E. V Perevodchikova, 『I͡Azyk zverinykh obrazov: Ocherki iskusstva evraziĭskikh stepeĭ skifskoĭ ėpokhi』, "Vostochnai͡a literatura" RAN, 1994.
Choi Mong-ryong · Lee Hun-jong · Kang In-uk, Juluesung, 『Prehistoric Archaeology of Siberia』, 2003.

33 The Russian word kurgan, meaning a large burial mound, originates from a Turkic root and is now used as a general term for tombs found across the Eurasian steppe.
Kang In-uk, 『A Historical Journey Through Eurasia』, Minumsa, 2015.

them with mounds was thus preserved and transmitted by these nomads under the term kurgan.[34]

---

34 The term kurgan originates from a Turkic word meaning "mound" or "hill." It appears in archaeological literature dating back to before the advent of modern archaeology, that is, before the 20th century, indicating that its usage is quite ancient. While there is no precise definition of a kurgan, it is generally considered to be a burial mound with a visible earthen structure (typically over 1m high), and its area is usually broader than that of a simple burial pit, often at least 3m to 4m in diameter. (In contrast, tombs without mounds are referred to as Gruntovoy mogilnik, or pit graves.) The mounds of kurgans are constructed using soil, stones, and sometimes rubble, and many of them are surrounded by a moat.
National Research Institute of Cultural Heritage Editorial Department, 『Dictionary of Korean Archaeology』, National Research Institute of Cultural Heritage, 2001.
Arkheologiya SSSP, Stepnaya polosa Aziaskoy chasti SSSP v skifo-sarmatckoe vremya, 1992.
Such kurgan burial mounds have also been discovered in the royal tomb complex of Xiongnu nobility at the Noin-Ula site, located along the Khara River north of Ulaanbaatar, Mongolia. These tombs date back to the late Western Han period, specifically from the 1st century BC to the 1st century AD(206 BC – 9 AD).
The construction period of this burial complex corresponds to the revival era of the Xiongnu, spanning from the 1st century BCE to the first half of the 1st century AD. During this time, the Xiongnu engaged in active cultural exchange – with the Han dynasty to the east, Parthia (247 BCE – 224 AD) and other regions of the Iranian West to the west, and the Scytho-Siberian cultural sphere to the north. It is presumed that the Xiongnu played a significant intermediary role in these exchanges. Therefore, this site is considered an important relic

Given the continued transmission and expansion of the Scythian world through successive nomadic groups—particularly the Huns, Xiongnu, and other Altaic peoples who played a leading role following the Sarmatians—there is a need to establish a clearer academic framework to articulate this historical continuity. The concept of a "Scythian–Sarmatian" cultural sphere has already been well established in scholarship, and even the hybrid culture that emerged following the fall of the Sarmatians—referred to as the "Sarmatian–Hun culture"—has gained recognition as a valid academic construct. Therefore, it is both reasonable and necessary to formally introduce and develop the concept of a "Scythian–Hun (Xiongnu)" or "Scythian–Sarmatian–Hun (Xiongnu)" cultural continuum within scholarly discourse.

By conceptualizing the "Scythian–Hun (Xiongnu) world" as a connected continuum, we can provide a clear academic framework for understanding why the Scythian cultural sphere

for the study of ancient East–West interactions.
Choi Mong–ryong 377p.

was transmitted to and reconstructed among the successors of the Xiongnu—namely the Turks, Mongols, and Tungusic peoples. This conceptual linkage offers a foundational scholarly basis for explaining the presence of the Scythian world across the vast geopolitical space stretching from Eastern Europe to northwestern China.

* Schematic Map of the Expansion of the Scythian World

Ⅲ. Interdisciplinary Research Project aimed at examining the Relationship Between the Scythian world and the Altaic peoples

— such as the Xiongnu's successors: the Turks, Mongols, Tungusic peoples, and Koreans.

The relationship among the Altaic peoples—including the Xiongnu (referred to as "Hu" in Chinese historical records), their successors the Turks, Göktürks, Mongols, Manchu-Tungusic peoples, and the Korean people—has been systematized through historical comparative linguistics under the concept of the Altaic language family[35], which posits that

---

35 The Altaic language family is broadly divided into three major language groups: Turkic, Mongolic, and Tungusic. The regions where each group is spoken and their respective sub-dialects are as follows:
(1) Turkic Language Group

these ethnic groups speak related languages. The various languages classified as Altaic share similarities in vocabulary and grammar. Scholars such as Ramstedt and Poppe36 have

---

More precisely referred to as the Tuvashi–Turkic language group, it is distributed across a wide area that includes the Republic of Turkey and Asia Minor, the Volga River basin within the former Soviet Union, Central Asia, and the western regions of China. The Turkic language group comprises: ⒶYakut, ⒷTuva—Khakas, ⒸKipchak, ⒹCha–ghatai, ⒺTurkmen. Sources of Old Turkic include inscriptions in the Old Turkic (Göktürk) script from the 8th century and manuscripts written in the Uighur script from the 8th to 10th centuries. Medieval Turkic texts were often written using the Arabic script.

(2) Mongolic Language Group
This group is distributed across a vast area centered on Inner and Outer Mongolia, extending eastward to northern Manchuria and westward as far as the Volga River basin. The Mongolic language group includes: ⒶSanta, ⒷMonguor, ⒸDagur, ⒹMogol, ⒺOirat, ⒻBuryat, ⒼMongol Documentation of the Mongolic language group dates back to around the year 1225. Numerous records of Middle Mongolian exist, written in Chinese characters, the Arabic script, and the Phagspa script (八思巴文字).

(3) Tungusic Language Group
This group is spoken in regions including eastern Siberia, the Heilongjiang and Ussuri River basins, and Manchuria. It comprises: ⒶManchu, ⒷGoldi, ⒸUlcha, ⒹOrochi, ⒺOroki, ⒻUdehe, ⒼNegidal, ⒽEvenki, ⒾLamut, ⒿSolon. The population of Tungusic language speakers is extremely small. Written materials remain in the Jurchen and Manchu scripts.
Encyclopedia of Korean Culture, The Academy of Korean Studies

proposed that these languages may have diverged from a common ancestral proto-language that can be reconstructed as the original source of the Altaic language family.

(https://encykorea.aks.ac.kr/Article/E0035147), 2025.05.
Lee Gi-mun, 『Introduction to Korean Language History』, Top Publishing, 1972.
Bang-han Kim, 『The Genealogy of the Korean Language』, Minumsa, 1983.
Lee Gi-mun, 「Korean language formation history」, Vol. Research Institute of Korean Studies, Korea University, 『Korean Cultural History Series』 5, 1967.
Ramstedt, G.J., Remarks on the Korean Language, Mémoires de la Société Finno-Ougrienne 58, 1928
Poppe,N., Introduction to Altaic Linguistics, Wiesbaden, 1965

36 In 1928, the renowned Altaic linguist G. J. Ramstedt published a paper titled "Remarks on the Korean Language", which drew significant attention to this field. One of his greatest achievements was laying the foundation for the Altaic hypothesis (or the Altaic language family theory), which proposes a genetic relationship among the Turkic, Mongolic, and Manchu-Tungusic languages. It would not be an exaggeration to say that true Altaic studies began with Ramstedt. Following Ramstedt, another scholar who conducted deeper research into the relationship between Korean and the Altaic languages was N. Poppe. Poppe was also an outstanding specialist in Mongolic and Altaic linguistics. The Altaic hypothesis, established by Ramstedt, was further refined and developed by Poppe, and his research also included the Korean language.
Korean language genealogy, 『Encyclopedia of Korean Culture』, The Academy of Korean Studies

Ramstedt argued for the position of the Korean language within the Altaic language family based on its linguistic affinities, while Poppe pointed out that, among the Altaic languages, only the language of the Korean Peninsula simultaneously displays both similarities to and differences from Altaic languages in comparative linguistic reconstructions. Poppe made several key assertions: 1. Just as the Manchu-Tungusic and Turkic language groups are closely related, Korean may also share connections with other Altaic languages. 2. Proto-Korean may have branched off before the formation of what is recognized as the Altaic language group. 3. Korean appears to have developed upon an Altaic substratum but with additional non-Altaic layers, suggesting both affinity and divergence from Altaic languages.

Building upon the diagnoses of two scholars—Ramstedt, who categorized Korean under the Altaic family, and Poppe, who recognized a substratum of Altaic influence in Korean while acknowledging its non-Altaic elements—Kim Bang-han (1983) analyzed the similarities between Korean and the Altaic languages, particularly Manchu-Tungusic, Turkic, and Mongolic. He also argued that the unique features of the Korean language, which diverge from those of Altaic languages, could be explained by the influence of the Ye-Maek people, who migrated from Central Asia to the Korean Peninsula. According to Kim, the proto-Korean language[37] developed from a substratum composed of non-Altaic ethnic groups, possibly Paleo-Asiatic peoples or speakers of Gilyak (Nivkh), distinguishing Korean from other Altaic languages despite their overarching connections. In addition to Kim Bang-han, Korean scholars[38] such as Lee Ki-moon and Lee Sung-nyeong also pur-

---

37 Kim Bang–han noted that the position of the Korean language is not clear enough to be definitively diagrammed, but he considered it most plausible that Korean may have a particularly close relationship with the Tungusic languages. He also sought to clarify the fundamental factors behind the various difficulties encountered in comparing Korean with the Altaic languages. To this end, he hypothesized the existence of a substratum language, possibly non–Altaic in origin, which he referred to as "Proto–Korean Peninsula Language." Korean language genealogy, The book in front.

38 Altaic Monogenesis Genealogical Tree, Lee Gi–mun, The book

sued the theory of Korean's connection to the Altaic language family. The Altaic languages share several linguistic features, including vowel harmony, restrictions on initial consonant clusters, agglutinative morphology, lack of inflection through vowel or consonant changes, absence of relative pronouns and conjunctions, the presence of non-finite verb forms with connective endings, and the use of postpositions.[39] These com-

in front.

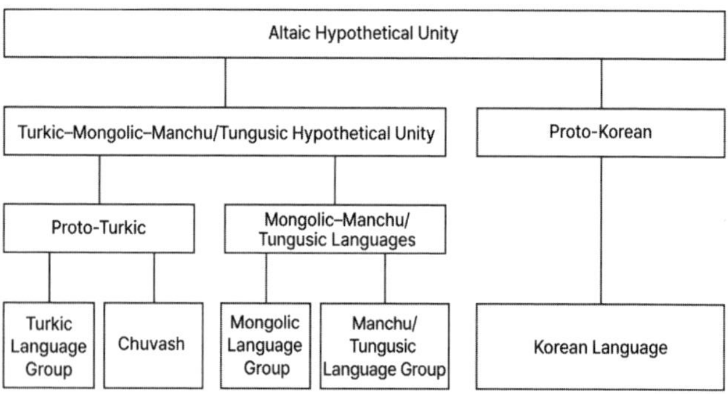

39 The general characteristics of the Altaic languages can be summarized as follows. They share the common word order of subject-object-verb (SOV). These languages are agglutinative (i.e., they use affixation extensively) and exhibit vowel harmony. Consonant clusters are restricted in word-initial positions, and due to initial sound laws, certain consonants—particularly liquids like /r/ & /l/—rarely appear

monalities have become the scholarly foundation for exploring kinship and relational ties between the Altaic peoples and the inhabitants of the Korean Peninsula. This linguistic evidence, some argue, offers more reliable proof of close ethnic ties than archaeological evidence comparing cultural patterns and lifestyles. It supports the view that ethnic groups sharing a common language unit can be regarded as kin groups. Notably, it is believed that the Korean people were formed around 1000 B.C.

---

at the beginning of words. They also make use of converbs (non-finite verb forms used to express adverbial relations), and there is no grammatical gender. A notable phonological feature of the Altaic languages is vowel harmony: they show progressive assimilation between front and back vowels, and in some cases, even among rounded vowels. Phonotactically, consonant clusters do not appear at the beginning of words. Morphologically, the absence of grammatical gender means that word forms do not change based on gender. Adjectives typically precede nouns, and even when adjectives follow nouns and function predicatively, they do not undergo morphological changes. Altaic languages use a variety of derivational and inflectional suffixes to express grammatical categories, a hallmark of their agglutinative nature, resulting in a rich system of suffixation. Syntactically, modifiers precede the modified elements, and clauses are linked through adverbial connecting suffixes attached to verb stems. Lee Yang-hee, 「Altaic languages」, 『Encyclopedia of Turkic Humanities』, 2023.

when the Ye-Maek tribes, users of plain pottery (as evidenced by archaeological findings), migrated from Central Asia to the Korean Peninsula.

The similarities among Altaic peoples—including the successors of the Xiongnu, the Turkic Göktürks, Mongols, Manchu-Tungusic peoples, and Koreans—have been continually revealed through linguistic, historical, and archaeological studies in terms of common ancestry, kinship, and mutual influence through borrowing. Furthermore, through the intermediary of the Xiongnu, Altaic peoples have been shown to share features with the Scythian world, including the so-called "three elements of Scythian culture" and the kurgan burial style. These features appear not only in Eastern Europe, Eurasia, Siberia, and Central Asia—regions where the Xiongnu (or Huns) were active—but also on the Korean Peninsula.

Thus, by researching the Scytho-Xiongnu-Hun cultural sphere, which shares connections with the Saka of the northern Black Sea and Central Asia, using archaeological, historical, and philological evidence, and by identifying commonalities among the Altaic ethnic groups linked via the Xiongnu through linguistic studies, a comprehensive, multidimensional, interdisciplinary approach can be formed. This integrated perspective could shed greater light on the connections between the Scythian world and the Korean Peninsula, revealing deeper ties stretching from ancient Scythian regions to East Asia.

This kind of interdisciplinary research needs to complement differing opinions by taking into account several paradigmatic tendencies of the following hypotheses regarding the formation of the Scythian world.

1. That a proto-Scythian culture existed as early as the 10th century B.C., which shared a nomadic equestrian culture with the Xiongnu, and that this culture later diverged into distinct Scythian and Xiongnu groups—or that both groups influenced each other during a pre-Scythian, pre-Xiongnu phase (as

suggested by Jung Seok-bae and Kang In-uk);

2. That the Scythian world, which flourished around the 7th century B.C. in the northern Black Sea region, developed relationships with the Sarmatians, Xiongnu, and others along the steppe route and the Silk Road, leveraging horse-based mobility, and that it may have had an impact as far as the Korean Peninsula, as evidenced by the Scythian-style kurgan burial mounds found in Silla during the 5th century A.D. (as proposed by Kim Hyun-jin, Lee Kwang-tae, and Kim Ho-dong);

3. It represents a type suggesting that these first two hypotheses may have manifested in combination throughout history (as proposed by Choi Mong-ryong).

These hypotheses tend to acknowledge the existence of commonalities and shared patterns within the "Scythian world." However, differences in opinion still remain regarding the watershed regions and historical periods during which Scythian cultural traits appeared—from Eastern Europe, across Eurasia, Siberia, and Central Asia, to Northwestern China, Manchuria, and the Korean Peninsula. Narrowing these differing perspectives is challenging, particularly due to the nature of nomadic equestrian peoples such as the Xiongnu, who did not make extensive use of writing systems. Nevertheless, interdisciplinary research that compares findings from historiography, archaeology, and comparative linguistics holds the potential to advance the formulation and validation of such hypotheses through inference, evidence, and verification.

Ⅳ. Conclusion

In Generally speaking, the Scythians, a nomadic equestrian people rather than a sedentary civilization, were first historically documented around the 5th century B.C. in the northern Black Sea region, through the perspective of sedentary civilizations such as the Hellenes and the Near East—most notably by Herodotus. In contrast, the history and customs of the Xiongnu, a nomadic equestrian people of northern China in the 1st–2nd centuries B.C., were recorded from the perspective of the sedentary Han Chinese civilization by Sima Qian. Later, in regions not thoroughly chronicled by Greek or Chinese sedentary historians—such as Siberia, Kazakhstan, and Tuva—archaeological discoveries revealed common cultural elements between the Scythians and the Xiongnu, such as the "three Scythian elements" and burial mound styles. These findings have led to the scholarly formulation and naming of a shared nomadic cultural sphere known as the "Scythian World." As research progressed, the common traits of this "Scythian World" have been found not only among the Mongols, Turks, and Manchu-Tungusic peoples but also among the Koreans, suggesting a broader and expanding cultural continuum. Although the Scythians as an ethnic group largely vanished after being subordinated to and integrated by the ruling Sarmatians, their cultural legacy—mediated by the Huns and Xiongnu, who later conquered and dismantled the Sarmatians—was transmitted and spread throughout Eastern Europe, Eurasia, Central Asia, Siberia, and Manchuria. This diffusion solidified the influence of the "Scythian World" across a wide geographic and cultural expanse.

From a missiological perspective, although the Scythians mentioned by Paul in the biblical book of Colossians no longer exist as a single, distinct ethnic group, it is significant that the "Scythians" Paul referred to around the 1st century A.D. were already in the process of transformation. At that time, they had lost their dominance to the Sarmatians and, due to their nomadic nature, were being culturally and ethnically merged into what can be called a Sarmatian-Scythian identity. This context is deeply meaningful. Just as Paul's mention of "barbarians" holds historical depth[40], his reference to the Scythians reflects a biblical concept grounded in a broader, historically expansive framework.

Later, with the rise of the Huns who conquered the Sarmatian-Scythians, a new cultural sphere emerged: the Sarmatian-Hunnic or Xiongnu-Scythian world. The people who inherited, transmitted, and spread the so-called "Scythian World" across the globe were the Hunnic-Altaic peoples. Unlike the Scythians of the northern Black Sea region, who largely disappeared or were absorbed through intermarriage with dominant groups, the Altaic peoples have continued to exist as distinct ethnic groups, preserving their language and national identity.

---

40 The term "barbarian" (Greek: barbaros, Βάρβαρος) originally referred to all people who did not speak Greek. For the Greeks, barbarian was not originally a derogatory or vulgar term, but rather a way to distinguish between languages and cultures. In the New Testament, the term was used to describe all those who did not partake in Greek or Roman culture (see Romans 1:14, Colossians 3:11, and Acts 28:2,4 – the word translated as "native" in these passages is barbaros in Greek). In 1 Corinthians 14:11, Paul uses the term to mean "a foreigner who does not understand the language."
Agape Publish, The book in front, p1128.

As such, they remain a living people group and a legitimate focus of missionary outreach.

Meanwhile, the Ottoman Turks, descendants of the Hunnic (Hun/Xiongnu) lineage, conquered Constantinople in the 15th century and exerted pressure on Europe. During the same era, Martin Luther declared the Turks to be "children of the devil,[41]" a proclamation that left a lasting impact. As a result, Western missionary efforts remained lukewarm toward the Turkic nations—comprising[42] 15 countries and 35 ethnic

---

41 Luther declared in his 1529 work On War Against the Turk that "there is no doubt that the Turks are the scourge of God and children of the devil." Because he theologically interpreted the threat of the Turks in this way, Luther found himself in conflict with Rome (the Papacy).
Ludwig Hagemann, 『Christentum contra Islam: Eine Geschichte gescheiterter Beziehungen』, Primus, 1999.

42 The total population is estimated to be over 250 million, including the Balkan Bulgars, Balkars, Bashkirs, Gagauz, Turkic peoples of Dagestan, Yakuts, Nogais, Azerbaijanis, Altaians, Tatars, Tuvans, Turks (of Türkiye), Turkmens, Uyghurs, Khazars, Khakas, Chuvash, Chulym, Shors, Uzbeks, Kalmyks (Teleuts), Kyrgyz, Kazakhs, Karaites, Karakalpaks, and Crimean Tatars.
Eunkyung Oh and 20 others, The book in front.
These peoples form a vast Turkic ethnic network, residing in 15

groups—spread across Asia Minor and Central Asia.

Ralph Winter, a pioneer in modern missiological theory and strategy through movements such as the Lausanne World Congress on Evangelization, declared that the Korean people, as part of their missionary inheritance, were uniquely positioned to evangelize the Altaic Turkic peoples, given the linguistic and cultural affinities between them. Building on this strategic insight, Korean missionaries were dispatched to these peoples, and have since been engaged in evangelizing the large Turkic populations—from the Uyghurs to the Turks of modern-day Türkiye—who have remained among the most unreached groups in recent mission history. The Scythians mentioned by Paul in his letter to the Colossians, when historically contextualized as the "Scythian World," represent a cultural sphere inherited, transmitted, and embodied by the Hunnic and Turkic

---

countries and autonomous regions, including Türkiye, Azerbaijan, Turkmenistan, Uzbekistan, Kazakhstan, Kyrgyzstan, as well as Dagestan, Karakalpakstan, Tatarstan, Kabardino-Balkaria, Khakassia, Chuvashia, Yakutia, Kalmykia, and Xinjiang (Uyghur region).

Altaic peoples. The history of Korean missionaries evangelizing these peoples can thus be seen as a divine response in history to the expansion of the "Scythian World"—a fulfillment of God's providential design.

References

·Kang In-uk, 「On the Origin of Early Schyto-Siberian Culture and Arzhan-1 Kurgan of Tuva, Southern Siberia」, 「The Korean Assocciation for Central Asian Studies」 Central Asian Studies Vol.20 No.1, p.127-151 2015.1.

·Kang In-uk, 「Archaeological approach to writing system of Nomad peoples - in case of Xiongnu and Saka」, 「The Paek-San Society」 Paek-San Studies No.117, p.97-122, 2020.1.

·Kang In-uk, 「A Historical Journey Through Eurasia」, Minumsa, 2015.

·National Research Institute of Cultural Heritage, 「The Bronze Age」, 「Dictionary of Korean Archaeology」, 2025.

·National Research Institute of Cultural Heritage Editorial Department, 「Dictionary of Korean Archaeology」, National Research Institute of Cultural Heritage, 2001.

·Bang-han Kim, 「Historical-Comparative Linguistics(Daewoo Academic Series)」, Minumsa, 1988.

·Bang-han Kim, 「The Genealogy of the Korean Language」, Minumsa, 1983.

·Hyun Jin Kim, 「The Huns (Peoples of the Ancient World)」, Routledge, 2015.

·Kim Ho-dong, 「Historical Atlas Series 5 -Central Eurasian History」, sakyejul, 2021.

·Kim Ho-dong, 「A Journey Through Eurasian History」,

·Hee Bo Kim, 「Encyclopedia of the World's Literature」, Garam Publishing, 2002.

·Dilâçar, Agop Martayan, Translated by Han-woo Choi, 「Türk Dili'nin Gelişme Alanları」, KUIS Press, 2011.

·Avdusin D. A., Translated by Seok-bae Jeong, 「Arkheologiia SSSR. uch-k dlia ist fak」, Vysshaia shkola, 1967.

·Ludwig Hagemann, 「Christentum contra Islam: Eine Geschichte gescheiterter Beziehungen」, Primus, 1999.

·Seong, Baek-in, 「A Comparative Study of Korean and Manchu 1」, 「Linguistics」 3, 1978.

·Agape Publish, 「Agape Bible Dictionary」, 2012.

·E. V Perevodchikova, 「I͡Azyk zverinykh obrazov: Ocherki iskusstva evraziĭskikh stepeĭ skifskoĭ ėpokhi」, "Vostochnai͡a literatura" RAN, 1994.

·Eunkyung Oh and 20 others, 「Encyclopedia of Turkic Humanities」, Institute for Eurasian Turkic Studies, 2023.

·Duckchan Woo, 「Introduction to Central Asian History」, Pusan University of Foreign Studies Press, 2001.

·Lee Gi-mun, 「Introduction to Korean Language History」, Top Publishing, 1972.

·Lee Gi-mun, 「Korean language formation history」, Vol. Research Institute of Korean Studies, Korea University, 「Korean Cultural History Series」 5, 1967.

·Lee Gwang-Tae, 「'Scythians' and 'Xiongnu' : the Steppe States of Central Asia as Seen by the First Historians of Humanity: A New Reading of Central Asian History」, Natioanl Assembly, 2021.

·Lee Gwang-Tae, Connect Central Asia!」, KSI Books, 2022.

·Seok-bae Jeong, "A Brief Study on the 'Proto-Xiongnu–Scythian World,'" Journal of Korean Ancient History, No. 32. p.46, 2000.

·Jung Jae-hoon, 「History of the Uyghur Nomadic Empire 744–840 : The Uyghurs' Search for Development on the Isolated Mongolian Steppe」, 「Part 3 of the Ancient Nomadic Empire Trilogy」, Sakyejul, 2024.

·Jung Jae-hoon, 「History of the Göktürk Nomadic Empire 552~745 : The Rise, Development, and Decline of Ashina Power」, 「Part 2 of the Ancient Nomadic Empire Trilogy」, Sakyejul, 2016.
·Jung Jae-hoon, 「History of the Xiongnu Nomadic Empire 209–216」, 「Part 1 of the Ancient Nomadic Empire Trilogy」, Sakyejul, 2023.
·Choi Mong-ryong, 「An understanding of global culture contacts between the east and the west-Scythian, Hun and Korean culture in ancient time」, 『The Korea Eurasia Institute』 The Journal of Eurasian Culture Studies Vol. 8, p.359-453, 2023.2.
·Choi Mong-ryong·Lee Hun-jong·Kang In-uk, Juluesung, 『Prehistoric Archaeology of Siberia』, 2003.
·Christopher I. Beckwith, 「Empires of the Silk Road: A History of Central Eurasia from the Bronze Age to the Present」, Princeton University Press, 2009.
· Peter B. Golden, 「Central Asia in World History」, Oxford University Press, 2011.
·Herodotus, 『The Histories』, Penguin Classics, 2003.
·Ramstedt, G.J.. Remarks on the Korean Language, Memoires de la Societe Finno-Ougrienne 58, 1928.
·Ramstedt,G.J. Einfuhrung in die altaische Sprachwissenschaft, Mémoires de la Société Finno-Ougrienne 104, Helsinki, 1952～1957.
·Poppe,N., Introduction to Altaic Linguistics, Wiesbaden, 1965.
·Poppe, N., "Review : G.J. Ramstedt, Studies in Korean Etymology", Harvard Journal of Asiatic Studies, Vol. 3&4, 1950.
·Poppe, N., Vergleichende Grammatik der Altaischen Sprachen, Wiesbaden, 1960
·Clauson, G., The case against the Altaic theory, CAJ, IT, 3, 1956.
·Б.Х.Кармышева. Этническая группа 『тюрк』 в составе узбеков, Советская этнография, 1960, № 1.
·Д.Е.Еремеев. Этногенез турок. М., 『Наука』, 1971.
·Л.В.Ошанин, В.Я.Зезенкова. Вопросы этногенеза народов Средней Азии в свете данных антропологии. Т., 『Фан』, 1953.
·Zadneprovskiy, Y. A., The Nomads of Northern Central Asia After The Invasion of Alexander. In Harmatta, Janos. History of Civilizations of Central Asia: The Development of Sedentary and Nomadic Civilizations, 700 B. C. to A. D. 250. UNESCO, 1 January 1994.
·Ю. А. Заднепровский Древние номады Центральной Азии. (Сборник статей) // СПб: 1997.
·Грене Ф., Новые свидетельства о Нахшабе и Кеше античного периода // Роль города Карши в истории мировой цивилизации. Ташкент-Карши, 2006.
·Яценко И. В., Раевский Д. С., Некоторые состояния скифской проблемы, Дискуссионные проблемы отечественной скифологии, Народы Азии и Африки. 1980.
·Новгородова З. А. Древняя Монголия. М., 1989. (Z. A. Novgorodova/Translated by Seok-bae Jeong. 1995. Prehistoric Times of Mongolia. Gakken Bunka-sha.)